JN197918

本当の幸せと神さま

日高 小百合
Sayuri Hidaka

文芸社

はじめに

　宮沢賢治が『銀河鉄道の夜』の中で言う「ほんたうのたったひとりの神さま」は存在する。この神さまの願いは、神さまがお創りになったもの全て、人や動物や自然が本来のあるべき姿になり、地球全体が幸福になることである。これは「ほんたうのみんなの幸ひ」なのである。

　賢治は心が美しく、努力、一生懸命の人で、人のために生きる、愛を知っている人であった。「ほんたうの神さま」の存在に気づき、神さまの声を聞くことができた人間であり、ゆえに賢治の作品には、神さまの考えが入っている。「心象スケッチ」（詩集）にも、人類の予言と考えられるものが多く見られる。

　人類誕生から現在に至るまで、神さまは願いを叶えるために、時空を超え選ばれし人に才能を与え、知恵を授け、自身の存在を繰り返し伝え続けている。史上に名を残している人物、政治家、宗教家、哲学者、芸術家、科学者、犯罪者などは、必然性、必要性において、神さまに選ばれし人たちである。「神さまは存在する」これは真理であることを証明したいと思う。これから述べることは、経験を基に構築された考えである。様々な本を読んだが、いずれも浅く広くといった感じで、専門的なものとは言えず、文章も大変稚拙である。しかしそれらの本などから得た知識は、血となり肉となり私という人間を作り上げている。経験を通して、本当の意味も自分なりに解釈し理解し得た言葉であって、決して借りてきた言葉ではないつもりである。

　「ほんたうの神さま」は、人間から見たら奇跡としか思えないようなことも起こすことができる。今シンクロニシティ、奇跡が起こり続け、4次元世界を内に外に抱き感じつつ生きている。4次元世界の発見、3次元世界から4次元世界へと移行する方法を知り得た。この方法を皆が知り実践できれば、地

球全体の真の幸せを手に入れることができる。

　神さま、仏さま、霊、魂といったものは目に見えない。目に見えないために、その存在は科学的には認められていない。しかしそれらは確かに存在している。私たちが生きている自然界が、目に見えない想い（想念波動エネルギー）が飛び交う4次元世界であるということをはっきりと認識できれば、それらの存在は証明される。そしてまもなく4次元世界、宇宙の真理が明らかになる時が来るのである。

「ほんたうのたったひとりの神さま」つまり全宇宙を司る全知全能の神さまの願いとは？　それは人間が宇宙の真理を本当に理解し、神さまがお創りになった本来のあるべき姿となり、神さまと共に生きること、そして人類、地球全体が幸せになり、さらに正しき宇宙人として、この宇宙の中で幸せに生きていくことである。神さまはこの願いを叶えるための完璧なる計画を立てて人類を導き続けているのである。

日高小百合

目　次

はじめに ……………………………………………………………… 3

第Ⅰ部　内なる神さまとの出会い

第1章　広い心をつくるための方法論 …………………………… 10
　　1．脳と心 …………………………………………………… 10
　　2．心の成長 ………………………………………………… 14
　　3．心の育て方 ……………………………………………… 19

第2章　人間の行動から見る人間分析 …………………………… 23
　　1．欲求と幸せ ……………………………………………… 23
　　2．心のレベルアップ ……………………………………… 29
　　3．精進昇華するために …………………………………… 37

第3章　人間社会と自然界 ………………………………………… 45
　　1．家族の意味 ……………………………………………… 45
　　2．社会の幸せ、地球の幸せ ……………………………… 52
　　3．自然界と神の世界 ……………………………………… 54

第4章　想念世界と神さまの存在 ………………………………… 60
　　1．想念世界と魂 …………………………………………… 60
　　2．神人と潜在能力 ………………………………………… 65

第Ⅱ部　スの神さまへと続く道

第5章　宇宙の真理と日本神道 ……………………………………… 74

　　1．宇宙の真理 ……………………………………… 74

　　2．日本神道 ……………………………………… 80

第6章　神の設計図 ……………………………………… 88

　　1．神の地球創り ……………………………………… 88

　　2．日本国土に示された神仕組み ……………………… 95

第7章　神話にみる岩戸閉め ……………………………………… 115

　　1．5つの岩戸閉め ……………………………………… 115

第8章　岩戸開きを行う神々 ……………………………………… 129

　　1．伊予二名島 ……………………………………… 129

　　2．伊予二名島の神々と各界の神々 …………………… 133

　　3．岩戸開きと陰陽の関係 ……………………………… 141

第9章　三千世界の完成 ……………………………………… 149

　　1．真の天岩戸開き ……………………………………… 149

　　2．神経綸の仕組み ……………………………………… 155

　　3．三千世界の循環 ……………………………………… 158

　　4．岩戸開きの完成 ……………………………………… 165

第10章　神仕組みの話 ……………………………………… 172

　　1．神さまの導き ……………………………………… 172

　　2．現代神話 ……………………………………… 179

第11章　神示と未来 ……………………………………… 193

　　1．立て替え立て直しのマニュアル ………………… 193

　　2．宇宙の中の地球 ……………………………………… 199

　　3．地球の次元上昇 ……………………………………… 204

4．人類へのメッセージ …………………………………… 209

〈付録〉神さまの祀り方 …………………………………… 214

おわりに …………………………………………………… 217

参考文献一覧 ……………………………………………… 219

第Ⅰ部

内なる神さまとの出会い

第1章　広い心をつくるための方法論

　　　　　この章では、心という実体のないものに向き合い、自己を分析
しながら、抱いた疑問の答えを探し続けた結果、知り得ることが
できた、人間が手に入れなければならない広い心のつくり方を述
べる。
　　　　　目に見えない心というものを、目に見える肉体と実感できる感
覚を通して捉え直すことで、心の在り方をより深く理解できるよ
うにし、また図式で表し視覚化することで、よりわかりやすく捉
えることができるようにした。

1．脳と心

脳の構造と働きの実感

　まず心とは何かであるが、次のように定義する。「心とは、魂がこの世に
生を受け、肉体をもつときに、肉体と連動しながら考えたり、感じたりして
育てていくもの」また、「魂とは想念波動エネルギーの塊のこと」とする。
魂は想いや意思であり、肉体を動かす力をもっている。次にこの魂と肉体が
共に連動し心をつくっていることを実感してみる。

　『セルフ・コントロールの医学』（池見酉次郎著／日本放送出版協会）より、
脳の構造と働きを表にまとめてみる。（第1図）[1]

　これらの働きから、肉体が、魂の想いや意思を受けていかに動いているか
を知ることができる。楽しいこと、幸せなことを考えると（思考）、口元が
緩み笑顔になる（筋肉）。笑顔になると自然とウキウキとした気持ち、心が
温かくなる感じになる（心臓）。これを「プラス思考ルート」という。また
反対に悲しいこと、不幸なこと、嫌なことを考えると（思考）、眉間にしわ
がより暗い顔、しかめっ面になる（筋肉）。そういう表情になると、モヤモ

第1図　脳の構造と働き

新皮質（a）	古い皮質（b）	脳幹部（c）
人間脳	動物脳	植物脳
知性・知恵の座	本能・情動の座（心の働き）	生命の座
人間的な欲求	本能的な欲求	自然的欲求
意識		無意識

ヤとした気持ち、心が重く沈んだ不快な気持ちになる（心臓）。これを「マイナス思考ルート」という。

いずれのルートにおいても、思考（新皮質）と筋肉（古い皮質）と心臓（脳幹部）の間で連携プレーが行われていることを実感できる。（第2図）

この3つの働きのうち、意識的に行うことができるのは思考することと筋肉を動かすことであり、心臓の働きは無意識に行われることになる。またニ

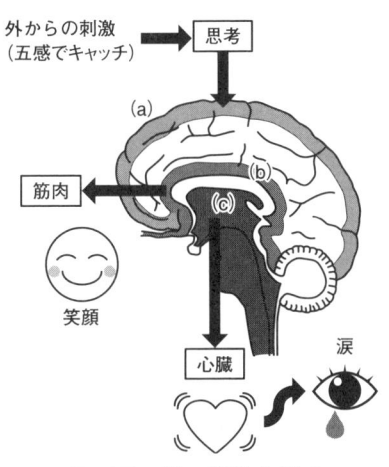

第2図　脳の構造と働き

コニコと笑顔を作るだけでも自然に心臓が反応して、心がふっと優しい気持ちになっていることを実感できる。このことから、笑顔になると（顔の筋肉が動く）、快感物質が脳幹部へ自動的に流れるようになっていると考えられる。笑顔は快感物質を流すスイッチになっているのではないだろうか。

次に涙が出る仕組みを考えてみる。涙には悲しい涙、うれしい涙、笑いの涙などがあるけれど、いずれもある経験を通して思考→筋肉→心臓の順に反応するとき、経験から受け取る信号（ショック）が大きければ、それだけ脳幹部へ流れる快、不快物質の量が多くなる。つまり心臓が大きく反応したと

きに、自動的に涙が出るという仕組みになっているのではないだろうか。心の鈴がたくさん鳴ったときに、涙が自然とあふれ出るのである。こうしたルートが記憶されると、その記憶を思い出すだけで、同じように心が動き、涙が流れるのである。（第2図）

記憶づくり

　人間は生まれてから様々な経験をすることで、魂と肉体が一緒になって、心身共に成長していく。肉体の五感を使って経験すると、思考→筋肉→心臓のルートを通って感じたことが記憶として心に刻まれていく。楽しい、うれしいといった経験をすることによってプラス思考ルートが記憶される（幸せの記憶）。逆に辛い、悲しいといった経験をすることによって、マイナス思考ルートが記憶される（不幸の記憶）。（第3図）

　これらの記憶作りが人生とも言える。どんどん作られ貯められた記憶は、意識的領域内に残るものもあれば、無意識的領域内へ納められていくものもある。必要な記憶は意識的領域内に残り、必要でないもの、忘れたい記憶などは無意識的領域内に納められるのである。

　左脳に意識的記憶倉庫が、右脳に無意識的記憶倉庫があるのではないだろうか。そして、この無意識的記憶倉庫には、個人の記憶だけでなく、人類誕生、あるいはそれ以前の宇宙誕生の頃からの記憶、前世の記憶など膨大な量の記憶、人類共通の記憶が納められているのである。この無意識的記憶倉庫が自己内4次元世界となっており、宇宙の4次元世界と同質であり、つながっていると考えられる。

心の記憶

　何か経験すると、五感を通して外界から刺激を受けて、一連の心の動きが生じ、「経験＋心の動き」が記憶として残る。これは全くゼロから新しく作

られるものではない。無意
識的記憶倉庫には人類共通
の記憶、先人の記憶など膨
大な量の記憶が入っており、
ある経験をしたとき、この
記憶倉庫にある同じような
経験をしたときの記憶が選
び出され、意識化され記憶

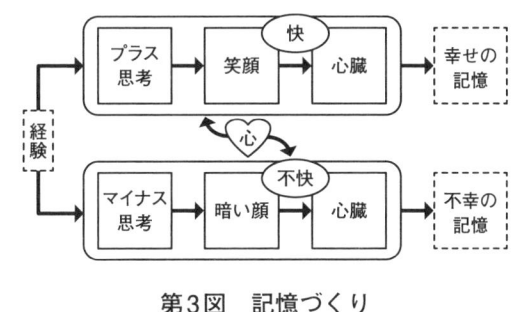

第3図　記憶づくり

として残るのではないだろうか。この世に生まれて生きていく中で様々な経
験をし、無意識的記憶倉庫から意識的記憶倉庫に記憶を取り出しながら、心
は成長していく。別の見方をすると、無意識的記憶倉庫にある記憶を意識化
させるためには、その記憶に見合った経験が必要といえる。つまりその経験
をしないと、その心の記憶は自分の内にあるにもかかわらず、わからないと
いうことになる。

　人は人生の中で、楽しく明るい経験や辛く悲しい経験など様々な経験をす
る。ここで大切なことは、辛く悲しいといった負の経験をしたときに、それ
を乗り越えて幸せの記憶へと変えていくことができるかどうかである。その
方法を知り実践することで、広い心をつくることができる。

　幸せになるためには、広い心をもつ人間になることが必要となる。生きて
いく中で様々な経験を通して多くのことを学び、真の広い心を手に入れるこ
とができると、いかなるときでも常に笑顔で心は静かで幸せを感じることが
できる人間になる。こうした心の境地が悟りの心といえる。つまり人間脳で
行う知性、知恵でプラス思考できると、動物脳で行う怒り、恐れなどの情動
をコントロールできる。すると植物脳で行う内蔵の働きも、自然と健康な状
態を維持することができる。これが、本来の理想的な人間の心の状態といえ
る。

2．心の成長

心の成長のモデル

　人間本来の姿になるための心の成長過程を見ていく。（第4図）

（1）赤ちゃんの心

　赤ちゃんは、周りの人に世話をしてもらわないと生きていけない、全く受け身の弱い存在である。周りの大人（特に母親）に世話をしてもらいながら、体のみならず心も成長していく。例えばお腹がすくと、不快を伴う記憶が意識化されて泣く。そこで母親におっぱいをもらうことによって満腹になり、快を伴う記憶が意識化され、満足顔、笑顔になる。同様に、眠たい、痛いといった不快の記憶を快の記憶に変え、それらを意識化していく。このとき世話をしてもらえず、冷たく扱われると、快の記憶は意識化されない。快を伴う心は幸せの記憶となり、この記憶が少ないと心の成長が順調に行われなくなる。心が次の段階へ成長するためには、幸せの記憶がしっかりと意識化される必要がある。

（2）子どもの心

　身体的成長に伴い、自分でできることが増えると、自我の目覚めが起こり「自分は○○がしたい」という欲求に基づいた行動をとるようになる。このとき、その欲求や行動が認められ実行できると、快を伴う幸せの記憶となる。逆に禁止されたり、怒られたり、他の人がしてしまったりすると、不快を伴う不幸の記憶として残る。この時期に幸せの記憶が多く意識化されると、自己受容ができ自分が好きと思える心になる。自我の目覚めは順調に心が成長していれば、つまり年齢に合った心のレベルに達していれば、2〜4歳頃に

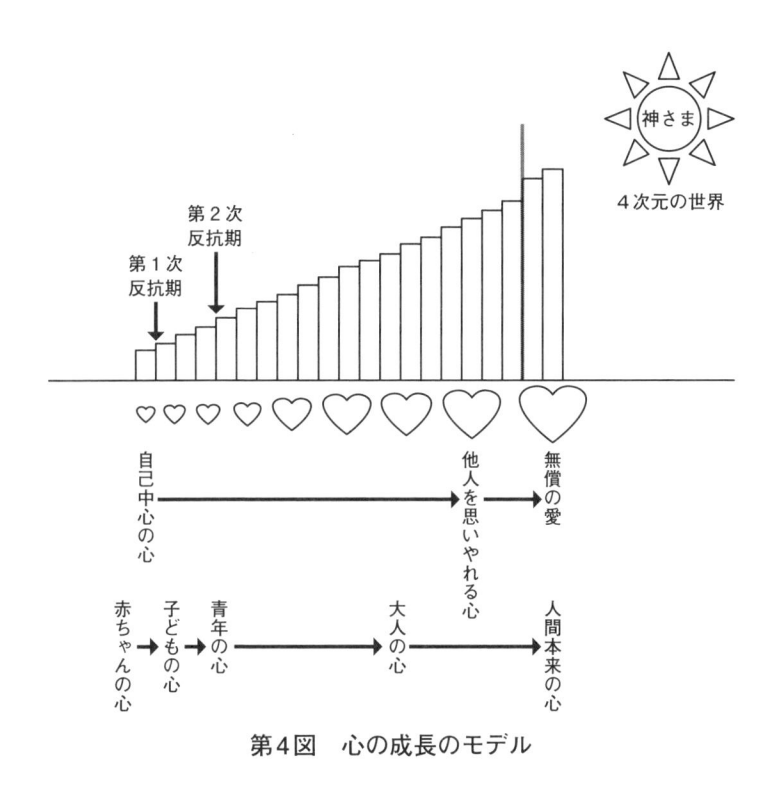

第4図　心の成長のモデル

表れる。それが第1次反抗期と呼ばれる時期で、この壁を上手く乗り越える
ことができると自己受容できる心になる。

　それから次の段階へ進むことができる。自己受容ができ、自分が好きと思
える心は自己中心の心である。家庭という狭い世界から園や学校へと徐々に
広い集団社会に出て、例えば先生の指示に従う、ケンカをする、おもちゃを
譲るといった様々な経験を通して、自己中心の心から、我慢する心、他人を
受け入れる心をつくっていくことになる。そして少しずつ思いやりの心が
育っていくのである。

（3）青年の心

　こうして心を成長させながら自己を確立していく。親や他人との考え方の違いに気づき、納得できないけれど、自分の考えも未熟なため、上手く気持ちを処理できずに心の葛藤が起きる。この時期（13〜14歳）が第2次反抗期と呼ばれるもので、反抗できるということは自己が確立されつつあり、心が成長しているという証になる。

　またこの時期には、心の成長の表れとして異性への目覚めがある。これは他人のことを考え、他人を受け入れる心ができつつあるということになる。まず自分のことが好きと思える心ができ、それから少しずつ他を受け入れ、認める思いやりが育ち、そして他人も大切にできる心になる。

（4）大人の心

　こうして恋愛、勉強、仕事といった経験を通して、幸せの記憶、不幸の記憶を意識化していく。子どもの心、青年の心と心のレベルが上がるにつれて、それに合った苦労を伴う経験をすることになる。しかし、苦労の先には必ず幸せが待っていて、不幸の記憶が多ければ、それを乗り越えたときの幸せの記憶も多くなる。こうして着々と心のレベルを上げて、広い心になっていく。つまり広い心とは愛（思いやり）が多い心のことであり、大人の心とは、様々な経験から生きる知恵を得て、他の人や自然に対して思いやりをもって接することができる心のことになる。

（5）人間本来の心

　大人の心のレベルをさらに上げるにつれて、自己中心の心が減り、他人も自分と同様に愛することができ、他人のために生きることができる心になる。我欲を捨て、無償の愛を与えることができるようになるのである。

　他人のために一生懸命生きるという経験をすることによって、自分を犠牲

にして他人のために苦労をするといった不幸の記憶が、自分のためになっているということがわかる幸せの記憶へと変わる。そして、他人の喜びが自分の喜びになるという幸せの記憶が意識化される。

　このレベルの心を手に入れると、人のため、世のために生きていける。この愛でいっぱいの心を手に入れることが、本当の幸せである。これはキリストの教えに通じるものである。こうした心になると、神さまのいる4次元世界を知り、その世界の中で生きることができる。

　以上が、人間が本来行うべき心の成長過程である。しかし現実はいくつになっても自分の身の回りのことすらできない赤ちゃんの心の大人、自己中心で私利私欲のみの子どもの心の大人など、心の成長が止まっている人が数多くいる。

心のベクトルと行動

　広い心になり幸せに近づくためには、より多くの不幸と幸せの記憶を作っていく必要がある。不幸の記憶を幸せの記憶へと変えることができる強い心にしなければいけないが、どの段階の心でも、そのときに必要なものは愛（思いやり）の心である。

「三つ子の魂百まで」と言われるように、生まれてから3歳頃までにつくられる心は基礎の心となり、その後の心の成長の方向性を決定づけるものになる。泣くことでしか意思表示できない赤ちゃんを育てるとき、母親に求められることは思いやりの心である。「何を訴えているの？　どうしたいの？」と赤ちゃんの表情、様子をじっくりと見て、心（テレパシー）で対話するのである。心で話しかけると赤ちゃんもそれに応えるようになり、赤ちゃんの心が読めるようになる。思いやりの心でもって不快の記憶を快の記憶へと変えることができたら、そうされた赤ちゃんには幸せの心が育つ。逆に思いやりのない冷たい心で接すると、不快の記憶を快の記憶に変えることができず、

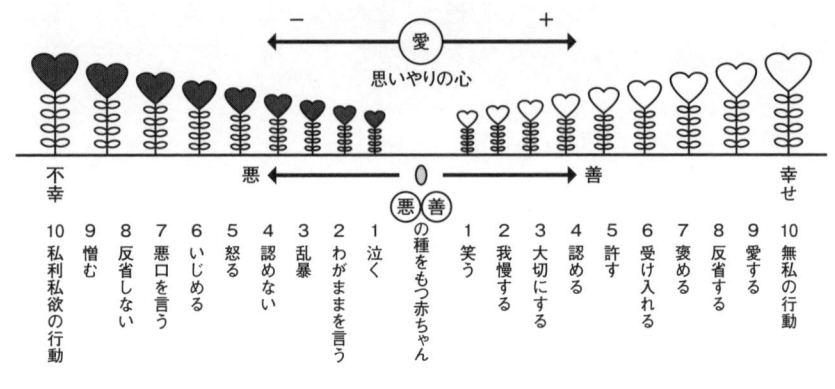

与えられる母性愛

第5図　心のベクトルと行動

不幸の心が育つことになる。

　こうして基礎の心ができる頃に、幸せへ向かうプラスの方向か、不幸へ向かうマイナスの方向かベクトルの向きが決まる。身近な大人の影響を強く受けて育っていくので、この基礎の心をスタートとしたベクトルの向きは重要で、その後もその方向で成長していくことになる。様々な経験をして記憶を意識化させながら心をつくっていくけれど、心が順調に成長しているかどうかは目に見えないのでわかりにくい。そこで心の成長に伴った行動パターンを見てみる。（第5図）

「泣く」と「笑う」、「わがまま」と「我慢」、「怒る」と「許す」、「悪口を言う」と「褒める」など、相反する行動があり、それらの行動の裏に心の働きを見ることができる。未熟な心がとってしまうマイナスの行動は、誰もが経験するものであるが、こうしたマイナスの心をプラスの心へと変えることができるかどうかで、幸せに向かうか不幸へ向かうかが決まるのである。

3．心の育て方

　次に、不快を伴う不幸の記憶を、快を伴う幸せの記憶へと変える方法を述べる。様々な経験の中でも、うれしい、楽しいといった経験はもともと快を伴う幸せの記憶となり、それらの記憶が多ければ多いほど幸せであるので問題はない。ここでは辛い、苦しいといった経験をしたときにどういう行動をとるかを考える。その行動のとり方によって、心がレベルアップできるか、広い心が育つかどうかが決まるのである。

ストレス発散コース

　ある経験をすることによって、辛い・苦しい・悲しい・不安といった不快を伴う記憶が意識化されるとストレスを感じる。ここで弱い者いじめ、人の悪口、酒、タバコ、遊び、買い物、ギャンブル、ゲームなどをすることによって、ストレスを発散させる人が多い。この方法でも確かにストレスは発散され快感物質が脳内に流れ、快を伴う幸せの記憶として意識化されるが、このとき流れる快感物質の量は少ない。（第6図中Ａ）ストレスを軽減させることは人が生きていく上で必要な自己防衛手段である。しかしこれは現実逃避であり、現実問題から目をそらしていることになる。今後同じようなことが起きても同じことの繰り返しとなり、それでは根本的な問題の解決にはならず、心の成長も見られない。

思考コース

　心をレベルアップさせていくためには次のような方法を取る必要がある。同じくそういう経験をしてストレスを抱えたとき、思考するのである。「人間は考える葦である」と言われるように哲学するのである。なぜ？（原因追

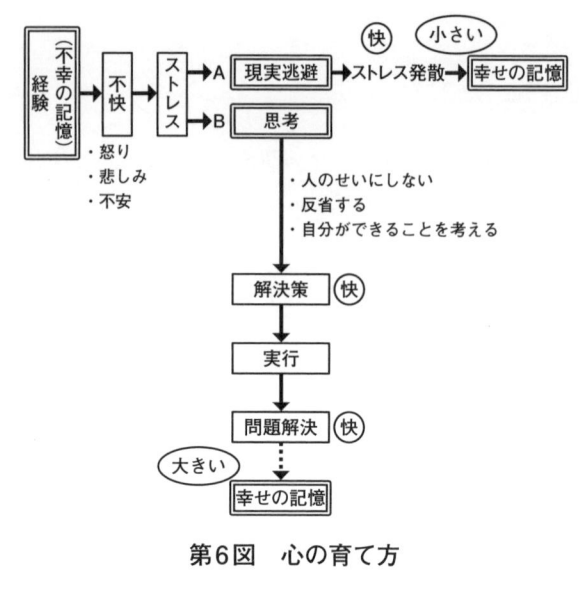

第6図　心の育て方

究）、どうしたら良いか？（方法）を考える。このときに重要なポイントがある。それは、まず原因を考えるときに人や他のもののせいにしないこと、自己を振り返り反省することである。今自分に起きていること、抱えている問題は自分が蒔いた種であり、自分の心が作り出したことであると自覚するのである。そして解決方法を考えるときに、自分が直せること、自分ができることを考えるのである。

　そういう姿勢で、本を読んだり人に相談したりして情報を収集し、一生懸命考え、今の自分以上の知識や知恵を得て、その問題を解決できるレベルに達したら、無意識的記憶倉庫から解決方法の記憶を見つけ意識化することができる。そうするとスッキリ感、明るい気持ち、暗闇から抜け出せた感じを味わうことができる。このとき多くの量の快感物質が流れているのである。思いついて導き出した考えは、その人にとって正しい答え、解決方法といえる。人は自分に必要な正しい答えを自分の中に持っている。ただし無意識的記憶倉庫の中に入っているにもかかわらず、本当に理解できる心のレベルに達していないと、その答えは意識化できないのである。何か考えを思いついても、何かスッキリしないときは間違っている。自分の心の声に耳を傾け、心の動きに注意して意識する習慣を身につけるとよい。つまり無意識記憶倉

庫から選び出した記憶に付随しているものが快であるか不快であるかを判断するのである。快を感じられることは幸せの記憶ということになり、その記憶は自分にとって選ぶべきものになる。

　次に、見つけ出した考えを行動に移していく。考えることと同様、行動することが大切になってくるが、「言うは易く行うは難し」であり、実際に行動に移すことは意外と難しい。勇気を出してエネルギーを使って、実行するという壁を乗り越えることにより、問題が解決すると自信がつく。こうして相手や環境が変わるのを望むのではなく、自分が変わることで解決することにより、レベルアップした心になっているのである。逃げずに辛く苦しい思いをして努力した分、遠回りした分だけ問題が解決したときに味わう快感は大きい。それは大きい快を伴った幸せの記憶として意識化され、不快を伴った不幸の記憶を幸せの記憶へと変えることになる。今後同じような経験をしたときでも、問題解決できるレベルアップした心になっているのである。（第6図中B）

思考と行動の一致

　ここで脳と体のバランスを述べておく。思考の大切さを述べたけれど、まずは地に足の着いた日常生活で体を十分に使った上での思考が必要になる。考え事ばかりでは頭でっかちになる。もっともらしいこと、立派なことなどを口で言うことは簡単であるが、それを実際に行うことが難しいのである。

　例えば、宗教に頼り、祈ること、拝むこと、信仰することが目的になっている人たちがいる。人間、生きていくためには、働いてお金を得て生活していかなければいけない。地道な日々の暮らしが重要であり、目的でなければいけない。このことが大変で、この日常生活をより良くするために宗教などの教えが要るのである。宗教はあくまで方法や手段を知ることであり、日常生活が人生においての主たるものでなければならない。

また人の上に立つ立場にある人間によく見られるのが、人を動かすという立場を勘違いし、えらそうな態度で指示したり叱責したりするけれど、自分は動かないという人たちである。「えらい人」と「えらそうな人」とは別である。その人が本当にえらい人かそうでないかは、何を言っているかではなく、何のために、何をしているかを見るとよい。本当にえらい人は、人のため、自分以外のもののために考え動ける人である。少し話がそれてしまったけれど、つまり頭で考えることと行動が同じようになるよう精進するのである。立派なことを言うなら立派な行動をとるのである。また、考えたり思ったりしただけで行動に移さなければ考えていないのと同じことになる。

　思考コースを選ぶのはしんどい作業でもある。しかし人は考えるために生きている。そのために勉強している。言葉はコミュニケーションの道具でもあるけれど、思考するための道具でもある。「なぜ学校へ行って勉強しなければいけないのか？」という問いの答えは、多くの言葉、知識、知恵を学び、それらを生かし、思考と実行を繰り返して、より広い心をつくり、そして幸せになるためである。辛く苦しい経験は心を成長させるチャンスになる。少しの苦労からは少しの幸せしか手に入らないけれど、大きな苦労から大きな幸せを手に入れることができるのである。

　私たち人間が持つ心は、目に見えず、実体がないため、不確かなものである。しかし、我々は日々、喜怒哀楽という感情を持ち、思考し、意思や欲望に従い行動している。生きていく上で、目に見えない心の部分が大きく影響していることは否めない。我々には、「人間本来のあるがままの姿になる」という神さまから与えられた課題があることを知り、それをクリアするために、目に見えない心に目を向け、広い心を育てることに努めなければならないのである。

第2章　人間の行動から見る人間分析

　　前章で、快を伴う幸せの記憶と不快を伴う不幸の記憶を意識化させる記憶作りが人生であり、その過程で愛がいっぱいの広い心をつくっていくこと、そして広い心の育て方の理想的なモデルを提示した。そのことが本当の幸せにつながることを実証するために、さらに論証を進めていく。

　　神さまは人間が正しい道へ進んでいくことができるように、それが自分でわかるように、人間を創っている。人間の体はそういう仕組みになっている。常に疑問を抱き、自分の心と体の動きや行動をできる限り客観視して、「自分という人間」を分析し続けてきた結果、見えてきたこと、知り得たことを述べる。

1．欲求と幸せ

肉体と魂

　心とは「魂がこの世に生を受け、肉体を持つときに肉体と連動しながら考えたり、感じたりして育てていくもの」とした。私たちは誰もが幸せになりたいという欲求を持って生きている。現世で肉体という着ぐるみを着た魂は幸せを求めているのである。

　肉体はこの世にある食物を食べて成長する。体を維持するためには自然を摂取しなければならない。それと同時に、肉体を動かす思いや意思である魂は何を摂取しているかというと、それは喜び、歓喜になるのである。つまり欲求が満たされたときに感じる快を食べて、魂は成長しているのである。いくら栄養のある食事を摂って、肉体が立派でも、喜びのない人間は健やかに生きることができない。

　人間の持つ欲求にはいろいろな段階がある。いずれも欲求が満たされると

快感中枢が刺激され、快を伴った記憶の意識化が起こり、肉体と連動しながら魂はそのルートを記憶する。そしてその快感を求めて同じことを繰り返すのである。次にこの欲求を本能的欲求、物質的欲求、精神的欲求に分けて順に見ていく。

本能的欲求

　生理的欲求が満たされたとき、快を伴った記憶が意識化されることは日々実感することができる。快眠、満腹、快便などいずれもこれらの経験をすると気持ちが良く「幸せー！」と笑顔になる。生命を維持するのに必要なことなので、それを満たしたときに、多くの快感物質が出るようになっている。つまり人間は快感と思えること、体が喜ぶことをすることが健康を維持することにつながっているのである。

　例えば、寒いと感じれば暖かくして心地よい環境にする。我慢してそのサインを無視すると風邪をひくことになる。また痛み、疲労感などのサインを体が出しているのに、無理をするから取り返しのつかない病気になったりするのである。必ず原因があるのだから、自分の体と対話しなければいけない。自分の体のことは自分が一番よく知っているはずである。

　一方最近、自己中心的な親、過保護な親が増えており、そのような親は、わが子可愛さに、自分の子どもに不快な思いをさせないようにと心地よい環境づくりに熱心である。そうすることが子どもに対する愛情だと思い込んでいる。しかし大切なことは、本当の快を知るためには、不快を知る必要があるということである。例えば、空腹感が大きいと（大きな不快感）、それだけ大きい満腹感を得られる（大きな快感）というように、子育てにおいて大切なことは、先回りして環境を整えるのではなく、しっかりと不快を伴う経験をさせてから、心地よい経験をさせることである。いつも美味しいものをたくさん食べて、暑すぎる寒すぎるといった思いもせず、快適な環境に身を

置いていることが当たり前になっている人がいる。それは不快が快に変わるときの幸せな気持ちを感じることができないという点で不幸といえる。

物質的欲求

　出世、地位、財産、名声といった所有欲や自己顕示欲、これらを満たすことが幸せであると思い、そのために生きている人たちがたくさんいる。しかし、これらが満たされても、実際は心から幸せと思えない人がいる。なぜならば、この幸せは本当の幸せではないからである。

　また、経済を中心に回る社会の中では、お金のために生きている人たちが大勢いる。確かにお金がない苦労は辛いものである。お金があれば手に入るものはたくさんある。物質的なもののみでなく、安心感、満足感、幸福感など精神的に得るものも大きい。しかしお金で得る代わりに失っている幸せがあることに気づかなければいけない。

　お金で買えるものの中に、便利さ、楽さといったサービスがある。例えばお金を出せば高級な料理を食べることができる。自分では作れない（能力以上のもの）美味しいものを、楽をして食べることができる。しかし、お金がなければ家で安い食材で調理して食べることになる。自分の頭と労力と時間を使い、美味しいものを食べたい、食べさせたいという思いで料理を作る。面倒なことでも、日々取り組んでいると、その結果自分の料理の腕があがっているということになる。

　価値観の違いと言えばそれまでだが、どちらが幸せかというと、お金で束の間の幸せを買う代わりに、自分の能力をアップさせるチャンス、そして人のために何かするという心をレベルアップさせるチャンスを逃しているという考え方もできる。

　次に、ある場所へ行く場合、車で行くか歩いて行くかで考えてみる。車を使うと、速く楽に目的地まで行くことができる。一方、歩いて行くと体力を

使い時間もかかるけれど、人間の身体的能力である「歩く」ことにより、車では見過ごしてしまうものを発見したり、心地よい風を感じ、ほのかな花の匂いを嗅いだりなど、五感を使った経験をすることができる。そしてしんどい思いをしている分、目的地に着いたときに、より幸せを感じることができる。これらはお金では買えない幸せといえる。これらのことからも、お金や物があることが幸せとは限らないのである。

精神的欲求

　人間には、愛し愛されたいという欲求がある（恋愛の欲求）。『ケミストリーオブラブ』（マイケル・R. リーボウィッツ著、鎮目恭夫 訳／産業図書）で述べられていることを参考にする。

　快感中枢を励起する要因として愛と恋、覚醒剤、熱烈な主義主張、躁病があげられる。これらを経験すると、快楽中枢が刺激され、興奮して幸福感と元気が出る。このとき脳内では快感物質が出ている。また、この中でも「恋愛は、本質的に、われわれが抱きうる最も強い肯定的感情であり、他の人と結びついているか一緒にいるか、その人のことを考えるか思い出すことによってわれわれの脳の辺縁系に誘起されうる最も強い覚醒である。恋人以外のもの—興奮剤（覚醒剤）、熱烈な主義主張、躁病—もわれわれの脳に強い変化をひき起こすことができるが、そのような変化を、恋人たるに「ふさわしい」他の人ほど確実に、または持続的に、またはすばらしい仕方でひき起こすことができるものはない」とあり、恋愛の感情には、最も強い幸福感が出るように人間は創られている。つまり恋愛中には、他の何よりも多くの快感物質が出るようになっているのである[2]。子孫を残すという本能的欲求に基づいているためとも考えられるが、やはり、動物よりも高次な心を持つ人間にとって、愛し愛されたいという精神的欲求が満たされることが、最も幸せなことだと言える。

　恋愛関係にある男女は、性行為を行い肉体的に結ばれることで、1人では得られない快を共有することができる。性行為は、子孫を残すために行われる本能的欲求に基づいた、人間が動物であることをダイレクトに感じられる行動である。人間は、この行為を愛というオブラートに包み、愛し愛されたいという精神的欲求と重ね合わせ、より尊い行為としている。両者が愛し愛されるという関係にある場合、本能的欲求と精神的欲求が同時に満たされることで、この上ない幸せな気持ちを味わうことができる。

　ここで、本能的欲求が満たされるときの快と精神的欲求が満たされるときの快とを見極めなくてはならない。3次元世界（目に見える世界）に存在している肉体が感じる快は持続性がなく、束の間のものである。一方、4次元世界（目に見えない想念世界）の中での精神的な結びつきは、先に述べた通り、強く、確実に、また持続的に感じられる快となる。実際には、自分の心の中に、相手を思いやる心を育てることができていない人間は、愛という名のもとに隠された本能的欲求を満たすための性行為を求め続けることになる。

　ここで、永久に存続し得る関係について考えてみる。最近「ソウルメイト」「ツインソウル」といった言葉を目にする。これらは、魂が近いもの、あるいは双子の魂ということになる。自分にとって本当に必要な相手、会わなければいけない相手ではあるが、相手を探すことが人生の目的ではない。不幸の記憶を幸せの記憶へと変えながら、より広い、レベルアップした心を手に入れることが目的であり、そのために用意されている相手がソウルメイトやツインソウルとなる。人は、努力を続けながら一生懸命生きていると、自分に本当に必要な人、あるいは運命の人に出会えるようになっている。そして本当の相手と精神的に結ばれたときに得られる快は、極上の快となり、その愛は永久に続くものとなる。これは、課題をクリアした人間に贈られる神さまからのこの上ないごほうびになるのである。

　愛し愛されるという関係は男女間だけでなく、親子、兄弟、友達などでも

考えられる。人間は人に好かれる、愛される、必要とされる、そして自分も人を好きになれ、愛することができ、人を必要とし頼ることができるといった人間関係を築けることが本当の幸せなのである。そのためにも、自己愛の心をレベルアップさせ、他人を受け入れることができる広い心にすることが必要になってくる。

次に「人間の神経系は、長い進化を通じて形成されたもので、人間にある種の恋愛活動やその他の苦労に値する経験を追求させるような仕組みになっている」(『ケミストリー オブ ラブ』マイケル・R.リーボウィッツ著、鎮目恭夫 訳／産業図書) ということについて考えてみる。

例えば、試験や受験のために一生懸命苦しい思いをしながら勉強し、それが終わったときに味わった解放感、達成感、幸福感を思い出してみる。たくさん頑張った分だけ、多くの幸福感を味わうことができたはずである。逃げて避けて勉強していないと、この幸福感は味わえない。つまり何でも嫌なこと、しんどいことから逃げる人たちは、苦労の先にある幸せを感じるチャンスを逃していることになる。この幸福感の中には、苦労した後に自分が能力的にも精神的にも成長しているという結果がついてくる。言い換えれば、苦労を嫌う人間に成長はないのである。人は肉体的にも精神的にも成長し続ける生き物であるため、苦労に値する経験を求めるようにできている。

人間をはじめ動物、植物といった自然の生物は快を求めて行動する。そのように神さまは全てを創っている。それが本能に従った生き方、正しい生き方といえる。しかし人間だけは悪(自然に反すること)を知ってしまったので、自己中心(人間中心)の我欲の強い心を持ち、自然に背いた世界を作ってしまった。そして人間世界の狭い価値観を基にした欲求が生まれ、それを求めて生きる不幸な人間が数多くいる。本当の幸せを手に入れることができるかどうかは、人生の目的を何とし、どの欲求を満たすことに快を感じ生きていくか、我々の選択次第である。

2．心のレベルアップ

人生学校

「人間は一生勉強し続ける」と言われるように、私たちは「人生学校」へ通っている。ここでは神さまが先生で私たちは生徒である。この世は人生勉強をするところであり、各自の心のレベルに合った問題が神さまから与えられる。その問題をクリアするまで、同じレベルの問題が出され続ける。

　例えば同じような人を好きになって同じような苦労を繰り返している人や、同じように嫌な上司に当たっては、同じように愚痴をこぼしている人などである。こういう人たちは出されている問題を、他のせいにして、逃げて避けて、自分が変わる努力をせずに、答えを出せていない人、間違った答えを出している人たちといえる。

　前章でも述べた、その場しのぎのストレス発散コースではなく、思考コースを選び、頑張ってクリアすると自分の心が強く広くなる。困難な問題にぶつかった時の対処法、ストレスの解消法を知ることになるので生きるのが楽になる。本当の幸せに一歩近づくことになる。そうすると笑顔が増える。笑顔は神さまからのごほうびである。そして問題をクリアすると、さらにレベルアップした問題が出される。こうして世の中には様々なレベルの人たちが存在し、それぞれの人生を生きている。

　ここでいうレベルとは、年齢、学歴、財産、容姿、社会的地位といったものは関係なく、何の飾りもない素の姿、心、魂のレベルのことである。人間、死んだときに残るものは、このレベルアップした魂のみであり、この魂のレベルが人生学校を卒業するときの成績になるのである。

　心を成長させるために人生の中でいろいろな問題（ハードル）が設けられている。どんなハードルが用意されているか、どのレベルから始まるかなど、

人によって様々である。乗り越えるのが非常に困難に思えるようなハードルでも、必ず乗り越えることができるレベルのハードルが設けられているので、逃げずにあきらめずに頑張らなければいけない。初めは低いハードルから始まり、一つ一つ乗り越えていくごとに徐々に高くなっていく。高くなればなるほど、苦労や辛い思いが増えるけれど、その分、乗り越えたときの達成感、克服感は大きくなる。そうして快を伴う記憶が意識化され、幸せの記憶を着々と増やしていくことになる。各自、自分が主人公の人生の中で頑張って生きながら、心を成長させている。それぞれにドラマがあるので、人生は面白い。

　心のレベルを第7図で見ていく。問題をクリアするごとに、心のレベルは上がっていく。自己を振り返り反省し、自分が変わることで心は成長する。

　人は自分の心のレベルでしか人を理解することができない。心を成長させる生き方をしていないＡさんは、自分のことと、同じレベルの人のことしか本当に理解することができない。ＣさんはＡ～Ｃの人しか本当には理解できない。こうして見ていくと、ＩさんはＡ～Ｉの人を本当に理解できることになる。つまり、Ｉさんは、多くの苦労を乗り越え、広い心へと成長しているので、同じように人の苦労や辛い気持ちがわかり、いろいろな人を思いやることができるのである。

素質と環境

　人は誰かにしてもらったことしか、他の人にしてあげることができないというように、経験がないことをすることは難しい。例えば、親に優しく接してもらった子は、他の人にも優しく接することが自然にできる。反対に、親に受け入れてもらえず冷たくされた子は、他の人を受け入れることができず、冷たく扱う、どう優しくしたらいいのかわからないといったことが起こる。

　このように思考や行動のパターン（性格）は、環境という後天的なものに

よって作られる部分が多いけれど、実際は同じ環境にいても全く同じような性格になることはなく、先天的な素質も影響していると考えられる。次に、このことを記憶の意識化で説明する。

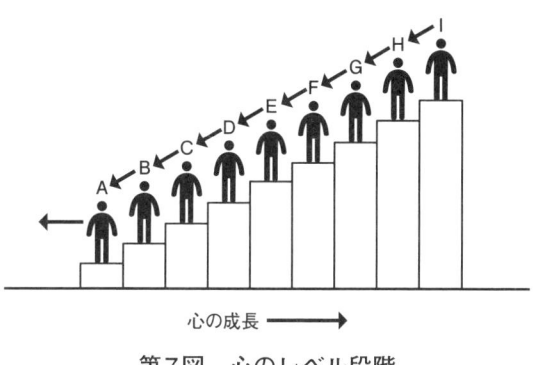

心の成長 ⟶

第7図　心のレベル段階

　4次元世界とつながっている無意識的記憶倉庫には人類共通の記憶、先人の記憶など膨大な数の記憶が入っている。輪廻転生が行われ蓄積された記憶が全て無意識的領域内に入っており、新しい前世の記憶はその領域内の表層部分に入っているとすると、ある経験をしたとき、表層部分にある前世の記憶が取り出され、意識化されやすいといえる。つまり、前世の記憶の意識化がその人の「思い癖」（考え方の方向性）として現れ、先天的な素質になっていると考えられる。

　また人間は輪廻転生を繰り返し、魂の上書き保存を行っている。前世の心のレベルの記憶が意識化されるので、人によって様々なレベルの心から始まる。そしてより高次な心に進化させるためにそれに見合った苦しい経験が与えられ、それを乗り越えるために悩み考え知識や知恵を得て、魂を向上させながら生きている。そうして磨かれた魂は上書き保存され、人類共通の無意識的記憶倉庫へ収められるのである。

言葉と体験

　魂と肉体が連動し、経験を通して記憶を刻み、心を育てている。魂が物事や言葉の意味を本当に知るためには、肉体が持つ五感を使った体験が必要である。本やテレビや話などから得る知識は、単なる知識であってその意味が

本当にわかっているとはいえない。

　例えば「りんご」という言葉を知るとき、絵本や写真で見る場合は視覚と聴覚のみの感覚を伴った記憶となる。一方、実際に実物を見て手に取って食べてみる場合は、さらに触覚、嗅覚、味覚といった感覚を伴った記憶となる。食べたとき、美味しくて感動する（快感物質が流れる）と、より多くの快を伴った記憶として意識化される。このように「りんごを知っている」といっても理解度が違ってくる。そこで子どもに限らず大人でも、できるだけ多くの感覚を伴った経験を通して、言葉の意味を知っていく必要がある。

　同じく、ドラマや小説、人の話などを通して、経験したような気になっても、本当にはわかっていない。自分が実際に体験した場合は、「脳→筋肉→心臓」という心が動いた記憶として意識化されているため、ドラマを見たり人の話を聞いたりしたときに自分の記憶を呼び起こすことができ、登場人物と同じ気持ちになり、涙を流したり笑ったりと、心から感動することができる。

　このことから、第7図のＡさんとＩさんが「愛している」「頑張る」と同じ言葉を使ったとしても、その人の経験の違いにより、言葉の重みや意味が違ってくる。そのため人間関係において、お互いに理解し合えず、誤解やトラブルなどが生じることになる。

人間関係〜他人との理解度〜

（1）心の広さとレベル

　人によってどのように心の広さやレベルが違っているかを見ていく。まずは心の広さについてである。幸せな経験でも不幸な経験でも、数多くの経験をしている人は、いろいろと感じ考えられる人で、記憶（経験＋心の動き）がたくさん入っている広い心といえる。逆に体験が少なく感動する（心が動く）経験が少ない人は、記憶があまり入っていない狭い心といえる。

　次に、心に刻まれた記憶の質について見てみる。快を伴った幸せの記憶を
プラスの心、不快を伴った不幸の記憶をマイナスの心とする。いろいろな経
験をして多くの記憶が入った広い心を持っていても、その経験が辛く苦しい
もので、それを乗り越える努力をしないで、不幸の記憶のままで溜め込んで
いる人は、マイナスの心がたくさん入った広い心になる。心は広いがそのレ
ベルは低いのである。一方、辛く苦しい経験をしたとき、努力して、不幸の
記憶を幸せの記憶へと変え、心をレベルアップさせている人は、プラスの心
がたくさん入った広い心、レベルの高い心を持っていることになる。このよ
うな心を持っている人は、何不自由なく暮らし、苦労も少なく幸せそうな狭
い心の人よりも、本当の幸せに近づいているのである。つまり苦労や悲しい
経験をたくさんしている人ほど、大きい幸せを手にする可能性が高いといえ
る。

　第1章の「心のベクトルと行動」第5図を見ると、ここで述べるプラスの
心とマイナスの心がどのようなものかわかる。プラスの心があると、笑う、
我慢する、大切にする、認める、許す、受け入れる、褒める、反省する、愛
する、無私の行いといった行動を取ることができる。反対に、マイナスの心
があると、泣く、わがままを言う、乱暴、認めない、怒る、いじめる、悪口
を言う、反省しない、憎む、私利私欲の行動といった行動を取ることになる。
自分が日頃、どういう行動を取っているかを考えると、自分の心の中にある
ものがプラスの心かマイナスの心かが見えてくる。

　この社会では、それぞれ違った広さやレベルの心を持つ人間同士が関わり
合いながら生きている。そこで、次に人間関係における他人との理解度を見
ていく。

（2）タイプ別でみる人間関係
　心の広さ、レベルをタイプ別に分けてみる。（第8図）Aは不幸の経験が

多いけれど、それを幸せの記憶へと変えているプラスの心がたくさん入った広い心を持つタイプである。

　Bは不幸の経験が多いけれど、それを乗り越える努力をしていないので、マイナスの心がたくさん入った広い心をもつタイプである。aは経験が少ないけれど、幸せの記憶が入っているのでプラスの心が少し入った狭い心をもつタイプである。bは経験が少なく、幸せの記憶も少ないマイナスの心が少し入った狭い心をもつタイプである。

　人の心は4つのタイプに分けられるほど単純なものではないが、ここではわかりやすくするために、簡単に分類した上で人間関係を考えてみる。

○AとA

　心が広くレベルの高いもの同士では、互いにたくさんの愛を与え、尊重し、高め合うことができる。1人でも幸せでいられるが、2人だとより幸せの方向へ向かうことができる（幸せの相乗効果）、まさに理想的な関係といえる。

○BとB

　反対にマイナスの心がたくさん入った心をもつもの同士では、互いに相手の心の痛みがわかるため、気が合い惹かれ合うが、思いやり（愛）が少ないので、互いに傷つけ合ったり、あるいは自分たち以外の人たちを傷つけたりと、不幸の方向へ向かうことになる（不幸の相乗効果）。

○AとB

　極端な話、Aを神さまのような人、Bを大罪人として考える。現実には重罪を犯した人は、更生できないとみなされ、死刑になることもある。罪を犯す人間は、不幸な経験が多く、マイナスの心がいっぱいの人間と考えられる。マイナスの心が多ければ、それだけ罪を犯した人を変えることは難しい。マイナスの心をプラスの心に変えることができるのは、厳しい罰ではなく、愛（思いやり）であるとすると、大罪人を更生できるのは、Bが持つマイナス

の心の量と同じ量のプラスの心をもつ神さ
まのようなAしかいないのではないだろ
うか。

○aとa、bとb、aとb

　いずれもAとBの関係と同じようになる
けれど、狭い心を持つもの同士なので苦労
は少なく、その分手に入れる幸せも平凡な
ものとなる。

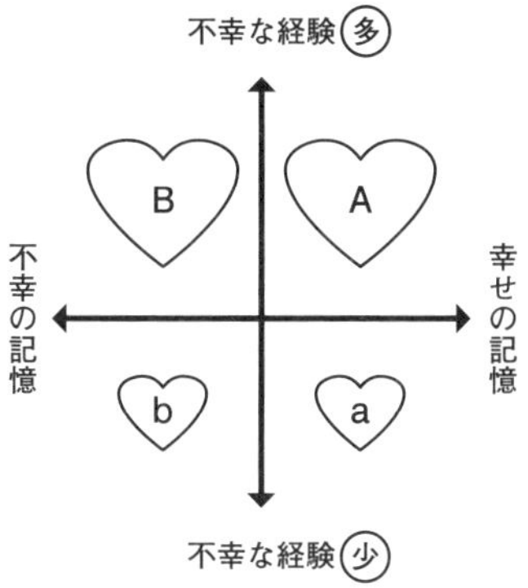

　しかし現実的には、完全なるA、B、a、
bのような人は存在しない。人の心の中に

第8図　心のタイプ別分類

は、プラスの心とマイナスの心が混在しており、それぞれの心の広さも、プ
ラスの心とマイナスの心が占める割合も違っている。互いに自分の中にある
プラスの心とマイナスの心が、相手の心の中にあるものに共鳴して、好意を
抱いたり、反発したりする。次に、この違いから生じる誤解を見てみる。

　自分の心が、相手より広くプラスの心が多い場合、相手のプラスの心を理
解することはできる。そして自分にあるプラスの心を、相手も同じように
もっていると思い、接したり、相手に求めたりするが、無理である。例えば、
自分は相手を思いやり愛しているのに、相手には伝わらず、自分が想うよう
には想ってくれない。また反対に、相手のもつマイナスの心が自分にはない
ので、思いもよらないひどい仕打ちを相手から受けるといったことが起こる。

　次に、相手の心が自分より広くプラスの心が多い場合、自分の心の広さと
レベルでしか相手のことを理解できないため、例えばすごく愛されているの
に自分に愛する心がなければ、愛されていることに気づかず、相手の愛に応
えることもできないといったことが起こる。

他との関わりと心のレベルアップ

「類は友を呼ぶ」といわれるように、何かが共鳴するがゆえに、似たもの同士が惹かれ合うことが多い。夫婦で考えると、自分と相手との違いが少なければそれだけ、お互い理解し合う労力は少なくてすむ。喧嘩も少なく仲の良い夫婦でいられる。しかし違いがあるということがとても大切である。なぜならば、お互いをわかり合おうとすることによって心が成長し、レベルアップするからである。共に生活することで、自分にない部分を発見し、直すべきところに気づいたり補ったりすることができる。そうして相手の心と関わることによって自分の心を成長させることになる。また、心をレベルアップさせる関係を築くためには、互いに相手のことを知ろう、歩み寄ろうとする気持ち、つまり愛（思いやり）を持つことが必要不可欠になる。

　人間は様々なものが密接に関わり合った自然界の中で生きている。今あるものが1つでも欠けると今の自分は存在しないかもしれない。それらといかに付き合うかが大切になってくる。愛や喜びといった目に見えないものを魂で感じることができる人間にならなければ、本当の幸せは手に入らない。これまで述べてきたように、心が広くレベルアップするにつれてプラスの心が増えていく。それは本当の幸せに近づいていることになる。幸せのバロメーターは"笑顔"である。快を伴った幸せの記憶に付随している笑顔である。笑顔が増えるということは幸せが増えているということになる。マイナスの心が多い人ほど不幸であり、幸福を求める欲求が満たされないので、不平不満が多くなり笑顔が少なくなる。人間、死んだときに残るものは、魂である。生きている間に心を磨きレベルアップさせ、プラスの心、愛の心がたくさん詰まった幸せいっぱいの魂をあの世へ持っていけることはすばらしいことである。

　これまで述べたように、私たち人間は心をレベルアップさせるために日々精進しながら生きていく必要がある。それらが実践可能となるよう、日常生

活に即した心構えや考え方などをさらに見ていく。

3．精進昇華するために

許す心

　職場や学校など、身近な人を見ると、自己中心的な人の多いことに気づく。自己中心的な人の特徴として次のような行動が見られる。自分の考えがごくごく狭い限られた経験と知識のみからなっていることが頭になく、自分が正しいと思っている。人の意見に耳を傾けない。自分が正しいと思っているので、自分が変わるのではなく、相手の非を見つけ、相手が変わることを望む。自分の正当性を主張するために、相手の悪口を言う、相手を責めるといった攻撃に出る。

　また、自己中心的な人は自分が正しいと思っているので、自己を振り返り、反省することをしないため、心が成長しない。謙虚な心で、自分に足らないものは何かを考えたり、知識を得るために勉強したりといった努力をしない。このような器の小さい我欲我執の人は、自分を守ること、自分が得すること、自分の気分が良いことを考えることしか頭にないのである。

　そのような狭い心には、自分以外の人を受け入れるスペースがないので、許容力がない。つまり相手を許すことができないので、ちょっとしたことでイライラする、すぐに怒るといった態度を取る。我が強く、自分が正しいと思っているので、怒りの原因を自分の内に見出し、自分の心の中で、怒りの感情を消化することができず、イライラさせる相手が悪い、怒らせる状況が悪いとして、そのイライラの感情を遠慮なく表出するのである。自分の心の器が小さいことを棚に上げて、感情をぶつけ、ストレスを発散させている。しかし、相手が自分より強いものだったり、怒りをぶつける対象がなかった

りすると、その怒りの感情をストレスとして抱え込んでいる。そして、消化できずにたまった怒りの感情は、例えば、夫に対するイライラを子どもにぶつけてしまうなど、別のとき、違う対象に向けられるということが起こる。限りなく自分のことしか考えていない、自己中心的な人間なのである。しかし実際は、このような人間が実に多い。そうなると、攻撃の対象は、子ども、部下、夫、妻など、両者の関係性において、自分より弱い立場のものに向かってしまう。こうした人間が存在すると、周りの人間が被害を受けるのである。周りの人に不愉快な思いや辛い思いをさせながら生きるような人間にはなりたくない。

　他を受け入れる、許す心を手に入れることは、簡単なことではない。人が一生かけて取り組む課題と言える。そのためには、日々の生活の中で、感謝、辛抱、努力を怠らず、我欲我執といった魂の汚れを落としていかなければいけない。我が少なくなればなるほど、謙虚さが身につき、偉そうな態度が減る。自分の未熟さや弱さを認め、受け入れる心は本当の意味での強い心になる。そのような心が他に対する思いやりや優しさとなり、相手が子どもであろうと、弱い立場のものであろうと、尊重することができるようになるのである。

笑顔の効用

　ストレス社会と言われるこの世で生きながら、心を磨き広い心をつくっていくことは大変である。しかし大変な問題を抱えながらも、努力して頑張っている人間に、神さまは救いを与えてくれている。

　大きな不安に襲われるとき、笑顔が救ってくれることがある。笑顔といっても自分の笑顔で、しかも笑顔を見ることではなく、笑顔を作るという行為のことである。夜、布団に入り不安が襲ってくるとき、手を胸に当て、思いっきり満面の笑顔を作る（誰にも見られないので恥ずかしくない）。する

とそれだけで、心の中のもやもやとした感覚が払拭され、幸せな感覚に包まれながら眠ることができるのである。楽しいとき、幸せなときに笑顔になるのは自然であるが、泣きたいとき、悲しいとき、辛いときに笑顔を作ることで救われることがあるということからも、笑顔はすばらしい心の薬だといえる。

　そこで、笑顔を作ることを勧めたい。朝起きて学校や会社に行くのが嫌なとき、誰かに対してイラッとしたとき、不安感に襲われたとき……、とりあえず考えることをやめて笑顔を作ってみる。自分のための笑顔を作り、笑顔になったときの幸福感にしばらく浸ってみると、気持ちが切り替わるのを実感できる。プラス思考とは、物事をプラスの方向に考えてよりよく生きるということだが、ここでいう笑顔を作るということは、そうした思考レベルでの変化ではなく、表情筋を使うという肉体レベルでの変化である。つまりより簡単な実践方法といえる。ただし、いつでも笑顔でいるということではない。悲しい出来事、不幸な出来事が起きたとき、泣くことで救われることもある。泣くこと、悲しむことが自然なときももちろんある。

　しかし、いつまでも負の感情に浸り続けることは、限られた人生の貴重な時間を無駄にしていることになる。そうした気持ちの切り替えのきっかけとなる笑顔作りは、心地よく生きるための手段になる。笑顔＝幸福感は肉体と魂に刻み込まれている記憶である。人類に与えられた神さまからのプレゼントである笑顔を使うと、自分も相手も幸せになることができる。

愛について

　ここでいう愛とは思いやりのことである。目に見えない想いを誰に向けるか、誰に与えるか。人は常にいろいろな感情を抱きながら思考し、行動して日々生きている。自分が一番大切で、自分のことばかり考えて、人のことなど気にせずに生きている人は、自分のための想いだけで心の中をいっぱいに

している自己中心的な人といえる。このような人がもつ愛は自己愛であり、自分に対する思いやりでいっぱいの人である。一方、自分のためにだけでなく他の人やもののために自分の想いを向けることができる人がいる。つまり他を思いやり、他に自分の愛を与えることができる人である。

　両者では愛（思いやり）の使い方が違ってくる。ここで、人を好きになったとき、相手に何を求めるかを見てみる。自己愛でいっぱいの人は、してもらうこと、こうあってほしいことなど、相手に求めることが多くなり、相手の愛を欲しがり、自分が愛を与えることを考えない。そして、一見、相手のためを想ってしていることが、よく考えると自分のためである場合がある。例えば、好きになって付き合うまでの間は、優しくしたり、プレゼントをしたりするけれど、いったん付き合いだすと、冷たい態度を取ったり、ぞんざいに扱ったりすることがある。そのような人の優しさや思いやりは、その人を手に入れるため、自分の欲しいものを手に入れるため、つまり自分のための愛であり、本当にその人のことを想っての愛ではないのである。一方、愛（思いやり）を与えることができる人は、相手に要求することがあまりない。相手の愛を欲しがることより、相手に自分の愛を与えることを考えるからである。

　これは恋愛に関してだけではなく、仕事についても同じことが言える。自己愛でいっぱいの人は、人のため、会社のために働いているという考えがないため、忙しくなり自分がしんどい思いをすると、上司のせい、会社のせいにして愚痴を言う。自分のためだけに生きているからである。しかし誰かのために生きることができる人は、仕事をすることを苦に思わない。自分が働くこと＝誰かの役に立っているということがわかっている。つまり仕事に対する愛をもっているからである。

　人は年を取るにつれ、様々な経験を通して、自分以外のもののために愛を与えることができる大人の心をつくっていく。自己愛、恋愛、母性愛、父性

愛、人類愛、宇宙愛……その人がもつ愛（思いやり）は誰のためのものか、それによって愛の質は変化する。その人の心がどのような愛で満たされているかを知ることで、その人の心のレベルがわかるのである。

喜びについて

　魂が求める究極のものは、喜び・歓喜である。『日月神示』〜地震の巻〜[3]にあるように、地上人のもつ想念の素は霊人のもつ想念であり、またその素は神の想念であり、またその素は大歓喜となっている。究極行き着くところは喜び・歓喜・大歓喜となっているのである。次に、日月神示で述べられていることを参考にしながら、論証を進めていく。

　この世に生まれるとき、魂は肉体という着ぐるみを着る。魂と肉体が一つになり共にこの世で生きていく中で、肉体（五感）を使った体験を通して、魂に記憶を刻み、魂の上書き保存を行い、魂の浄化、進化を行っている。また、肉体はこの世にある自然物を摂取し、それと同時に魂は喜び、歓喜を摂取しながら生きている。栄養をたくさん摂り、身体機能が維持されても、本当の健康とはいえない。魂が必要とする、喜びという心の栄養が不足すると、真の健康にはなれないのである。人間の幸せには喜びが必要なのである。

　これまで、愛（思いやり）でいっぱいの心をもつことを述べてきたが、愛をさらに突き進めていくと喜びとなった。ここで愛と喜びとの違いを考えてみる。まず愛は喜びに含まれているといえる。愛の感情と喜びの感情のどちらかがより原始的かというと、喜びとなる。他人に優しくするのはなぜかというと、他人に優しくして相手が喜ぶと自分も喜びを感じるからである。つまり、喜びのために、愛＝思いやりの気持ちが出てくるといえるのである。

　また、この世に存在するあらゆる自然は、快を求めて行動するようにできている。欲求が満たされたときに快感物質が体内に流れることで、快を感じることができる。そして肉体が快を感じたときに魂は喜びを感じているので

ある。このような原始的、本能的な肉体の仕組みと喜びが直結していることからも、魂（想念）の大本は喜びであるといえるのである。最もシンプルな想念といえる。

　さらに、人間を取り巻く宇宙環境を見てみる。目に見えない思いや想念が飛び交う4次元世界を満たしているプラスの想念波動エネルギーの正体は、大歓喜といえる。大歓喜が光、愛、真、善、美といった目に見えないものへと変化して、それらを私たちは感じているのである。

　喜びという感情は、プラスのエネルギーをもっている。魂がこの喜びをたくさん摂取できると、喜びのエネルギーが体内に満ち、体内の活動も活発となり健康となる。病気をしたとき、目に見える肉体の治療にばかり専念するのでは、不十分である。病気をしたときこそ、魂に喜びという栄養を与えなければいけない。それ以前に、極端な話、常に喜びを感じて生きている人は、病気にはならないのかもしれない。笑いが治癒力をアップさせるということは最近では通説となっている。これは、魂に必要な栄養が喜びであり、喜びのエネルギーが健康を維持すると考えると納得いくものとなる。

　辛く悲しい経験をしたとき、怒りや不安を感じたときなど、いかなるときでも常に魂が喜びを感じることができる広い心を手に入れることは、容易なことではない。しかしそうした心を手に入れることができると、現実世界で生きながら、天国に住むことができる。魂と肉体は共に存在している。魂（想念波動エネルギーの塊）が行くことができるあの世と、肉体が生きているこの世とが全く同時に存在しているのである。常に喜びを感じることができると、自分の住んでいる世界がいかに汚れた世界であっても、その世界に重ね合うように存在する天国を見出し、心は天国に住むことができるのである。

プチ行のすすめ

　心をレベルアップさせるために日々精進することは、自分の中にある神性を発見することである。仏教では、悟りをひらくために、修行をする人々がいる。神性の発見も悟りをひらくことであるが、山に籠もり、滝に打たれないと神性を発見できないのだろうか。

　曹洞宗を開いた鎌倉時代の仏僧、道元が残した言葉に「行くところ、立つところ、全てが道場である。いつでも、どこでも、何をしていても、その場その場を修行道場と思って励むがよい。多くの祖師達も皆そのようにして悟りを得たのである（意訳）」（『典座和尚のブログ』禅の教えを学ぶ〜道元禅師と永平寺〜）とある。

　出家して寺に入り、修行をしなくても、悟りを得ることはできる。普通に生きることを修行にするのである。歩くこと座ること立つことそれらを行うときでさえ、正しい姿勢を保つように努める。全てのものに感謝の気持ちをもつようにすると、自然と自分を律する気持ちになり、全てのものを大切にでき、優しい気持ちで扱うので、自然と動作もソフトになる。修行をしているときに神や仏に会えるのなら、生きていること＝修行という気持ちで常にいれば、神や仏の存在を常に感じることができる。自分の中の神性と人間性とを一致させるためにも、自分を律するプチ行を日々行うことで、常に心の平安を得ることが可能となるのである。

　世俗を離れた修行は身体的に厳しい制約を与えることでたどり着く境地であり、自然を相手とする修行と言える。一方、通常の人間社会の中で生きる修行は、様々な人間との関係を通して、あらゆる感情を知り克服した先にたどり着く境地であり、人間社会を相手にした修行となる。アプローチの違いはあるが、いずれも自らの神性と人間性を目覚めさせ、さらに乖離（かいり）する両者を統合させるための修行になる。

　心をレベルアップさせることは難しく、一生、精進し続けても自分の魂の

奥深くに内在する神さまに出会うことはできないかもしれない。人間誰もが、苦労せず、お金で買える幸せを追い求め、楽に楽しく生きたいと思うけれど、そこにあるものは本当の幸せではないのである。心が愛で満たされるときの幸福感、精神的な充足感は、物やお金では買えない何ものにも代えがたい宝物である。死んだらなくなってしまうものには、真の価値はない。

　神さまがお創りになったあるがままの人間になるために、本当の幸せを手に入れるために、私たちは生きている。神さまの存在を身近に感じつつ、自分の心を律し、感情をコントロールしながら、より高次の心を手に入れるべく、精進昇華することが求められているのである。

第3章　人間社会と自然界

　　　幸せになるためには、愛や思いやりでいっぱいの広い心を手に入れること、そしてその方法論を述べてきた。この章では、まず一人一人が幸せになること、その幸せが地球全体の幸せへとつながることを考えたい。

　　　自分が本当に幸せにならなければ、人を幸せにすることはできない。また自分だけが幸せという幸せは本当の幸せではない。人は一人で生きていくことはできず、たくさんの人やものと関わりながら生きている。全て必要で大切なものであるにもかかわらず、上手く関わり合い、お互いが幸せを感じながら共存することは難しい。そこに悩み苦しみが生じるが、そこで「しかたがない、そんなもの」とあきらめたのでは、人間は進化できない。その苦しみを乗り越えて、本当の幸せを手に入れるために人は生まれてくるのである。

　　　ここでは、個人の幸せの先にある家族や社会の幸せを見てみる。

1．家族の意味

主婦業

　本当の幸せを見つける仲間が家族であり、その場所が家庭である。主婦業は本当の幸せをつかむことのできる究極の仕事、愛の仕事といえる。主婦は夫のため子どものため家族のために無報酬で、食事、洗濯、掃除といった家事をする。お金を生む仕事ではないけれど、自分以外の人のため、その人の幸せのために働く。そのごほうびは、家族からの感謝の気持ちである。愛、思いやりといった心の交換で成り立っている純粋な仕事といえる。

　しかし現実は、心が未熟で自己中心的な大人が多いため、夫や子どものことより自分の楽しみ、自分のために生きている主婦が多い。虐待、育児放棄といった問題も年々増加している。戦後日本は経済的に豊かになり、便利な

生活、つまり人がどんどん楽ができる生活になっている。楽をすることに慣れてしまっているので、人のために自分が動くことがまるで損をしているかのように思い、家事や子育てを苦痛に思う人が多い。しかし結婚や子育ては、苦労の先にある本当の幸せを見つけるためにするものである。「結婚した」ということは、自分のためだけに生きるのではなく、誰かのために生きることを経験するチャンスをつかんだことになる。家族は、自己中心の心を思いやりのある広い心へとレベルアップさせるための最高のメンバーになるのである。そして共に生活し共に幸せを感じながら生きていくことで、個人の幸せが家族みんなの幸せへとつながっていく。だからこそ神さまは人を好きになる気持ちを、苦労を追求する気持ちを人間に与えているのである。

子どもの教育

　家庭の役割の中でも、子育ては重要な位置を占めている。人類の未来のためにも責任のある仕事だといえる。そこで子どもの心の育て方について詳しく見てみる。

（１）基礎の心づくり

　様々な体験を通して心が進化していく中で、やはり子どもの心の育て方は、可能性、柔軟性、将来性を考えても大変重要である。この世に生を受けてから幼少の頃までにできる心は、自分本位の心、受け身の心、他を必要とする心である。子どもは弱い存在であるので当然である。これらの心をしっかりと受け入れてもらう経験をすることによって基礎の心が出来上がる。一番身近にいる家族の愛に満たされて初めて、次の段階へと進んでいける。この基礎の心がしっかりできると自己肯定でき、自分を大切にすることができるようになる。そして自分を好きと思い大切にできて初めて、他人も本当に好きになり大切にできるのである。しかし与えられる愛が不足すると、この基礎

の心がしっかりとできず、大人になっても求めて欲してばかりの自分本位の心のままになる。

　この基礎の心は自己中心の心である。この心を進化させていくのに必要なものが「我慢する心」である。我慢する心を教えることがしつけといっても良いぐらいである。基礎の心がしっかりできると自己主張するし、自分の欲求を通すことができる。これらの自己中心的な欲求は際限なく肥大化する。普通に社会（幼稚園、保育所など）に出ると、いやでも自分の欲求が通らない経験をする。そして友達とのけんかや集団生活のルールに従うなど我慢することによって、自己中心の心が減り、他を受け入れる心が増えることになる。このことが非常に大切である。

　しかし最近見られる「個性を尊重しよう」「子どものしたいようにのびのびと育てよう」といった子育ての風潮は、自己中心的な心、わがままな心の肥大化を助長しているように思われる。おもちゃが欲しくても我慢する、友達におもちゃを譲る、嫌なことがあっても暴力をふるわない、先生の言うことを聞くなど、全て自分の欲求を抑えることになる。こうして我慢する経験を積み重ねていくことで、自分の感情をコントロールできるようになり、心が順調に成長することになる。

　ここで忘れてはいけないことは、我慢する心と同じくらい、しっかりとした基礎の心ができているということである。この心がしっかりとできていない上に我慢することだけを教えるのでは上手くいかない。バランスが大切であって、我慢させればさせるほど、しつければしつけるほど、その子の存在を全て受け入れる愛を与える必要がある。愛を与えられる大人でなければいけない。人は自分の心のレベルでしか相手のことを本当には理解できないといったことからも、高次な心をもった大人にならなければ、子どもを本当に教育することはできない。こうした方向性が見えなければ大人も社会も道に迷う。現在がその状態といえる。この方向が幸せに向かっているのだという

明確なビジョンを持つことができると、自ずとどうあるべきか、どうするべきかが見えてくるはずである。

（2）いじめの仕組み

　子ども社会に限らず、大人社会でもあり続けるいじめについて見てみる。まず、いじめられる子といじめる子の両者共に、基礎の心がしっかりできていないということがいえる。いじめられる子はそれができていない上に、自分を抑えることや他人への思いやりを教えられて育つ。一方いじめる子は基礎の心ができていない上に、自分本位な心、他人はどうでもよいということを教えられて育つのである。もちろんそう意識して教える親はいないが、親の心自体がそういう心であると、普段の生活の中で自然と言動に表れるので、そういう姿を見たり、扱われたりして、そのような心を子どもは覚えていく。

　いじめられる子は一見優しい子のようであるけれど、その優しさの裏には基礎の心ができていないという弱さがあるので、いじめる子は同様、その弱さに無意識に反応していじめるのである。基礎の心ができていて自己肯定感が高い子は、そのことが強さになっているので、いじめの対象にはなりにくい。いじめを防いでわが子を守る方法は、わが子の心に愛（思いやり）を与え、愛で守ることである。しかしここで取り違えてはいけない。守るとは辛いことを未然に防ぐことではない。環境を整えて辛い思いをさせないように、子どもを守れば守るほど本人は弱くなる。手をかければそれだけ依存心が強くなり、精神的に弱い子どもになるのである。辛いことや苦しいことは、精神的に強くなるチャンスだと捉え、本人が自分の力で乗り越えることができるようサポートしながら、親子共に強い心になることができるとよい。そのためには日頃から思いやり、愛のある心で子どもに関わり、自分を好きになり、大切にできる自己肯定感の強い子どもにしておくことである。心という目に見えないもので子どもの心を守るのである。

　次に、いじめる子について考えてみる。愛の不足により心が悪の方向へ育っている場合、他人への思いやり、受け入れる心が育つのとは反対に、他人を受け入れない、考えない、攻撃する心が大きくなっていく。そうすると他人の不幸や、他人を攻撃することに快を感じるようになる。ここで快の逆転が起こる。こっちの方向にベクトルが向くと、どんどん間違った快を求めて進んでいくようになる。年齢が低ければそれだけ方向転換はしやすくなるので、早く気づき、いじめる子を正しい方向へ導くことが必要になってくる。また、大人になっても心がレベルアップしていない人が多いので、大人の社会でも同様、いじめはなくならないのである。

（3）自分を愛する

「自分のことが好き」と胸を張って言うことができる人は、身近な人から愛されるという経験がある人ではないだろうか。ここでは、「自分のことが嫌い」と思う人について考えていく。自分のことが嫌いと思う人は、愛、思いやりといった気持ちそのものが育っていない、あるいは少ない心の人といえる。大人になるにつれ心が柔軟性を失っていくと、長年生きる中で、様々な経験を経て作り上げてきた思考回路や行動パターンは固定化され、違う価値観を認めることも軌道修正することも難しくなる。

　また、自分のことを受け入れること、愛することは、口で言うほど簡単なことではない。自己陶酔的な愛で終わる可能性もある。愛とは本来自分以外のものから与えられることで心の中に生まれるものであり、また自分の心に愛する心が芽生えるときには、その愛を向ける対象が存在するものである。愛とは、相手の存在があり、ギブアンドテイクの関係の中で生じるものであり、自己完結するものではない。

　ここで、大人になってから自分を愛する方法について考える。一言でいうなら、「自分を愛するためには自分以外のものを愛すること」である。永久

に変わらぬ愛を誓い合える恋人がいればよいが、人の気持ちは不確かで、移ろいやすいものである。不確かなものを信じ愛することで、失うときに心は傷つき、自分を好きになることと反することが起きてしまう。そこで、まず物や生き物などから始めてみることを勧める。自分が好きと思えるもの、心が喜ぶものを発見し、集めたり大切にしたりするのである。何かを収集する、植物やペットを育てるなど、趣味を楽しむ時間を作ることで、自分以外のものを愛することの心地よさを味わうのである。また芸能人を好きになることも愛する心を実感する経験となる。見返りを求めない、純粋に好きと思う気持ちの価値に気づくことができるのではないだろうか。もちろん自分が好きなものと関わるときは、不快になることは少ない。そうした、自分にとって心地よい時間を持っていることは、心の強さになるのである。

　人間社会に生きる私たちは、家族、学校、職場などで、様々な人間関係の中で日常を生きている。私たちは自分と関わる人たちに対して、好きか嫌いかの判断をすることが多い。何となく合う合わないと感じ取る場合もあれば、この人のこういうところが苦手と説明できる場合もある。ここで考え得ることは、好きな人が多い人は、自分のことが好きと思える人であり、嫌いな人が多い人は、自分の嫌いなところが多い人ということである。つまり相手の言動の中に、自分の嫌な部分を見ることで不快に感じることが往々にして起きているのである。

　そこで嫌いな人をどう扱うかが大切なポイントとなる。相手を毛嫌いし、理解しようとしないといった態度を取るのではなく、相手の嫌なところを観察し、分析するのである。「なぜそういう態度を取るのか？」「どういう気持ちでするのだろうか？」など。すると、それらの原因は人間の弱さの表れであることが多いとわかってくる。そしてそれは、自分の中にもある弱さなのである。ここで、相手の弱さを認め受け入れること、そして許すことができると、不快感は減り、好意を持つことができるようになる。そして相手の見

方を変えることができたとき、相手の弱さだけでなく、自分の弱さをも認め許すことができ、その結果自分のことが前より好きになっているのである。人に優しくすることは、自分に優しくすることであり、さらに自分を愛することへとつながる。これが大人になってからの自分を愛する方法になる。

　次に、家族を愛することが自分を愛することにつながることを考える。夫婦、特に親子の関係は、強い絆で結ばれているがゆえに、他人以上に遠慮なく自分の我が出てしまう。したがって、お互いの我がぶつかり、激しい喧嘩も起きる。しかし本音でぶつかり合うからこそ、自分がもつ本来の弱さや間違いに気づくことができるのである。本当に気づかなければ本当に改めることもできない。そういう意味でも、子育ては、自分の魂を磨くための最適な修行の一つになり得る。「子は親の鏡」と言われる通り、親が子どもにしたことはそっくりそのまま子どもから返ってくる。親の言うことを聞かない子どもは、親が子どもの言い分に聞く耳をもっていないことが多く、また友達に乱暴を働く子どもは、親が子どもをしつけと称し叩いているといったことがある。子どもに愛を与えると、子どもは愛を返してくれる。自分の子どもの姿から自分の行いを知ることができる。子どもの問題行動は自分の問題行動と捉えなければいけない。そして子育てを通して、自分の魂を磨き、子どもに愛を与えることで、自分を愛することができるようになる。

　子どもを育てる大人の心が、慈愛に満ちた広い心でなければ、子どもを正しく導くことができない。人の数だけ考えがあり、子育てのやり方も様々であるがゆえに、人間の多様性が生じるのであるが、人間本来のあるべき姿がいかなるものかを正しく理解できると、自分がこの世に生まれた意味を知り、自分に与えられた使命のために生きる幸せな人間になれるのである。

　未来の人類のためにも、今世に生きる自分のことだけを考えて生きるのではいけない。新たな価値観のもと、世のため人のために生きることができるよう、思い、言葉、態度を改める必要がある。まずは身近な人に対して、感

謝の思いを持ち、大切にすることから始めてみるとよい。

2. 社会の幸せ、地球の幸せ

　これまで個人や家族の幸せについて述べてきたが、さらに人間社会、国、地球全体の幸せへと広げてみる。

日本の心

　進化といえば生物学的進化（遺伝子レベル）のことを考えるけれど、人類は精神的にも進化（心のレベル）しているといえる。これまで個人の心の成長を見てきたけれど、長い歴史を振り返ってみると、人類的・地球的においても、心は進化していることがわかる。

　日本国において縄文時代から現代までを見ると、生理的欲求を満たすための原始的な生活を送っていた時代に始まり、平和で幸せな時代、戦や戦争といった悪がはびこる不幸な時代など様々な経験を通して歴史を作り、現在の日本がある。その時代に生きた人々の記憶が幸せの記憶、不幸の記憶として残っている。

　ここで、本当の幸せの裏には不幸な経験がある、善と悪とは互いに他を必要とするといった表裏一体の考えに基づき見てみる。例えば日本は原爆を落とされた世界に1つだけの国であり、その悲惨さ、苦しみを知っている。だからこそ本当に平和を訴えることができるのである。戦争を反対する憲法第9条は苦しみの経験から得たものだからこそ、胸を張って言え、誇りにできるものである。また戦や戦争といった悪を繰り返し行い、その間違いに気づき反省しているからこそ本当の善を知ることができるのである。

　しかし世界の国々を見ると、現在進行形で戦争やテロが起きている。それ

らが悪であるということに気づいていない人々が大多数の世の中なのである。私たち日本人は「戦争は悪である」と当たり前に思っているが、それは今の人類の中では少数派であることを自覚しなければならない。そしていかなるときでも少数派の意見を通すことは難しいことであるが、正しいことを曲げることのないよう、しっかりと日本人が持っている価値観を伝えていく必要がある。

　一方では、現在の日本において、いじめ、不正、犯罪や非行の低年齢化、エスカレートする残虐性など、悪と呼べるものが世の中にはびこっている。それらの原因として心が成長していない自分本位な狭い心の人が増えていること、私利私欲を求める拝金主義にそまっている社会などが挙げられる。しかしこのような悪い傾向が年々強まっているということは、本当の意味での善に転じる可能性を秘めていると考えることができる。なぜならば、悪人（悪い心）は善人（善い心）になるために必要なものであり、本当の悪を知らなければ、本当の善も知り得ないからである。

　また、スピリチュアルの世界に関心を寄せる人が増えているという時代の流れからみても、日本国は悪が善に転じる苦しいとき、夜明け前にいるといえる。悪を善に転じるためには、個人の心の成長と同様、苦しみを乗り越える努力が必要である。個人の力は微々たるもので、国全体を変えることなど不可能と思われるけれど、一人一人の力が大きな力となり、日本人の心を進化させると信じて頑張ることが大切である。

日本と米国

　日本国は幸せに近づいている国である。人間、様々な性格の人がいるように、国民性もいろいろある。例えば自己主張できない気弱な日本人などと言われるけれど、他国に優しい国である。他国を見てみると、他人にあまり干渉しないクールな○○人、陽気で明るい○○人、我欲の強い○○人……かな

り単純化しているけれど、それぞれ作り上げてきた歴史があり、その中で生きてきた国民には、やはりその歴史や文化に反映された人間性、国民性がある。戦後の日本においては個人主義をよしとする傾向にあるが、培ってきた土壌の違いを考えずに簡単に取り入れようとしても、自己中心的なものに陥りやすい危険性がある。

　ここで日本と米国を比較してみる。日本は自然（神の愛）を大切にして感じ取る能力に長けている。自然に対して謙虚であり畏敬の念を抱ける国、我欲を出さないことが美徳とされてきた、まさに武士の精神を作り上げてきた国といえる。一方米国は、先住民であるネイティブアメリカンを追い出すこと、自然を守ることではなく奪うこと、壊すことから始まり、わが国が一番だと武力でもって相手を服従させる自己中心的な国といえる。心のベクトルの向きを考えると、どちらが本当の幸せに向かっているかがわかる。米国は初めから不幸の方向に心のベクトルが向き、進化しているといえる。

　個人の成長と同様、日本人の心の基礎には母なる大地（自然）がしっかりと根づいている。基礎の心ができているのである。つまり真の意味で精神的に強く、幸せの方向にベクトルが向いているのは日本である。「優しい国、日本」の真の強さを出す時が来ている。そのために必要なことが、4次元世界を知り、悪を善に転じる力となる思いやりや愛の力を一人一人が手に入れて神さまに近づき、人間や自然や地球全体の幸せを願い生きることなのである。

３．自然界と神の世界

自然と人間

　人間は地球という自然界の中で生きている。地球は45億年前という想像

もつかないような昔から存在している。生物誕生が35億年前、人類誕生が20万年前である。様々な植物や動物同様、人間も神さまが創った自然の一部である。

　ここで大昔、猿が少し進化したような人間が、火を使い狩りをしている時代を想像してみる。そして今の自分の生活と比べてみると、自分の身の回りが、いかに人工のもの、自然でないもの、自然に還らないものであふれているかがわかる。人間の作り出すものには、すばらしいものがたくさんあるけれど、自然の美しさは人間の力では到底及ぶものではない。例えば本物のバラの花と造花のバラを比べてみる。いくら人間がそっくりに作ったとしても、色、匂い、手触り、どれをとっても雲泥の差である。本物のバラは生命が宿っているエネルギー体なのである。自然は神そのもの、神業なのである。

　日本人、ネイティブアメリカン、アイヌ人など、太古よりその土地に育まれ、自然と共存してきた人々には共通した自然観がある。人間は自然の一部であり、自然の中には神、霊、妖精など目に見えないものが当たり前のように存在し、それらに畏敬の念を抱いている。そして日本人は昔から山の神、海の神、神木など自然に神が宿るとし、祀ったり山の頂に神社を作ったりしてきた。一方欧米人たちは、侵略、移住、植民地化を行い、その土地に入り込んできた。その土地から生まれ出たものではないので、人間は自然の一部であると考えたり、自然に対する感謝の気持ちや畏敬の念を抱いたりすることが難しいのかもしれない。

　自然＝神とすると、家の中に草花があればそこに神がいると考えることができる。人も自然なので人の中にも神がいる。草花、人、動物など全ての自然が共存して生きている。そのことだけでも神業なのである。目に見えない空気だって存在していて、生物はそれがないと生きていくことができない、つまり生かされているのである。

人間メガネ

　人は目に見えないものを信じようとしないが、人間が見ている世界は人間のもつ眼のレンズを通して見ている限られた世界である。つまり「人間メガネ」をかけて見ているのであって、飼っている猫や犬や魚が同じ世界を見ると、それぞれ違った世界を見ていることになる。犬メガネ、猫メガネ、魚メガネを通して見ると、人が見ているものが見えない代わりに、人には見えないものが見えるのである。人間メガネで見る世界が全てと思わない方がいい。それぞれ違ったメガネで同じ自然界を見て、一緒に生きているのである。

　人間メガネについてさらに詳しく見てみる。人間メガネをかけた世界が、人間にとってのありのままの世界となる。しかし人間の中でも、人によって見ている世界が違ってくる。その人の心のレベルによっての違いが出てくる。悪い心を持った人はたくさん汚れのついたメガネで、良い心を持った人はきれいなメガネで世界を見ることになる。同じ場所にいても、次の両者には違う世界に映る。例えば人の嫌なところ、欠点にばかり目が行き、自分の周りは嫌いな人ばかりと思う人は自分がかけている心のメガネが汚いので、汚い世界に見える。反対に人の良いところに目が行き、自分の周りには、良い人好きな人がたくさんいると思える人は、自分がかけている心のメガネがきれいなので、美しい世界に見えるのである。

　今まで述べてきたように、レベルアップして広い心を持つと、美しく見えるメガネを手に入れることになる。そうすると自分の住んでいる自然界は美しい世界になり、目に見えないものが見えてくる。同じ1本の木を見ても、ただの木に見える人と、その木に宿る神を、神業を見ることができる人との違いが出てくる。その木に対して優しい想いを送ることにより、その木から想いを感じ取ることができるのである。

　このように人間同士でも見える世界が違うし、犬や猫とも違う世界を見ていることになるけれど、現実には共に必要とし、支え合い、癒されながら生

きている。なぜそれができるかというと、目に見えない言葉やそれを超えた心や想いで対話し、理解しているからである。そう考えると同じ言葉を使う人間同士でも、発する言葉よりもその相手に対する心、想い、気持ちの方がはるかに大切になってくる。口でいくらほめても、心が違っていれば伝わらないのではないだろうか。思っていることと言うことが同じになるようにできるとよい。それは自分に正直で、うそをつかない生き方になるのである。汚いメガネをかけていては想いのやり取りはできない。この人間の心が作り出した我欲我執、自己中心的な心は、神さまが創った自然界では必要とされないものである。

　人は死んだら自然に還る。そのときに自然界へ入るためには、この人間が作り出した汚いメガネを外さなければいけない。この汚いメガネを外す方法や人間界から自然界（神の世界）へと送り帰す法を説いているのが仏教である。汚いメガネを外して仏さまになって自然界（神の世界）へ帰っていく。しかし生きている間に仏さまのような広い美しい心を手に入れることができると素敵である。私たちが常識として理解し得る人間世界は、自然界＝神の世界の中に包括されているのである。神の世界の中の一部分である。対立するものでもなく、次元の違うものでもない。

科学と精神世界

　人間は自分たちが存在している世界を探求し続けている。その結果としてあらゆる分野の科学があり、また精神世界に関わっている宗教、芸術がある。これらは全て人間や自然や地球が本来のあるべき姿になるため、幸せになるためには、欠くことのできない必要なものといえる。目に見えるものを対象にしているのが科学、目に見えないものを目に見えるもの、聞こえるものに表現しているのが芸術、目に見えないものを対象にしているのが宗教とする。目に見えるものも見えないものも、いずれも確かに存在していて私たち人間

の世界からなくなることはなく、全て必要なものである。なぜならば人間の活動そのものだからである。

　ここで「生きている」ということを考える。人間は目に見えるもの＝肉体と、目に見えないもの＝魂とからなっている。そして想念波動エネルギーの塊である魂が思い感じたことを、脳、神経や筋肉といった肉体を用いて表現しているのである。それらの日々の表現活動が「生きている」ということになる。例えば楽しい・悲しいと魂が感じたとき、笑顔になったり、涙を流したりして肉体を使って表現をしている。また、何か思ったり考えたりしたときに、話す、書くといった表現活動を行っている。つまり生きるためには肉体、魂、表現活動が必要になるのである。これらのどれが欠けても生きていくことができない。そしてこの3つの存在が科学、宗教、芸術につながっている。いずれも地球全体の幸せには欠くことのできないものであるにもかかわらず、それぞれの立場で我が正しいと主張するために他を認め受け入れることができず、お互いに歩み寄れない歴史がある。

　長い歴史の中で積み上げられてきた諸科学の知識や考えも、歴史に残る芸術家の作品も、人間の精神を支えてきた宗教の教えも、全て神さまが意図したものである。科学者、芸術家、宗教家などは神に近き精神をもち、神に近き場所で仕事を行い、4次元世界を内に外に感じ生きた人たちといえる。もちろんどのような職業の人の中にもそうした一流の人たちはいる。人間が作り上げてきたもの、今なお進化し続けているものは全て必要でつながっている。諸分野がお互いを認め合い受け入れる姿勢をもち、これら全てが人、自然、地球の幸せへ向かっていると認識できれば、一つの方向性が見える。各分野で専門家がいるので全ての知識、考えを集約すれば、すごいことがわかるはずである。

　目に見えるものは信じることが容易であるけれど、目に見えないものは難しい。しかし現実世界は両者で成り立っている。本当の幸せを手に入れるた

めには、両者が同じように必要である。目に見えないもの、聞こえないものを信じることが必要になってくる。自分というもの、家族というもの、社会というもの……それらを考えるとき、「目に見えるものと目に見えないもの両者の存在や価値は等しい」という観点でもって物事を知ろうとすると、疑問点や矛盾点などが解消し、それらの真の姿が見えてくる。「神さまや想念や霊といったものを心から信じる」という今の常識では考えられないことを、信じる勇気と素直さと純粋さが必要になる。

　人類の歴史を振り返ってみると、いつの時代でも真理というものにはなかなかたどり着けず、過去にも幾度となく常識が覆されている。今では地動説が正しいとわかっているけれど、当時は天動説を信じて疑わなかった人々がいた。また終戦を境に悪と善が真逆となった日本人など……人間の常識ほど危ういものはない。しかし神さまの存在に気づき、神さまを理解することは、絶対真理に近づくことになるのである。「神さま、魂、想念など、目に見えないものは存在する」という考えは、21世紀におけるコペルニクス的転回なのである。こうした価値観の転換を可能にするには、まず気づきを得たものが個人の心を進化させることが必要になってくる。日々の生活の中で精進して、神さまの存在に気づき、神さまに近づくこと、そして幸せになること、それが家族、社会、国家、地球全体の幸せへとつながっていくのである。

第4章　想念世界と神さまの存在

　　神さま、仏さま、霊、魂、直感、前世、生まれ変わり、テレパシー、念力、夢のお告げ、シンクロ現象……、「これらの存在を信じますか？」と聞かれると、もちろん信じるという人もいれば、信じないという人もいる。これらは目に見えないもので、科学的に証明されず、その存在は不確かなものである。しかし、とても長い人類の歴史の中で、これらの存在が消えることはなく、こうした言葉を当てはめて説明することができる現象が実際に起き、その概念はあり続けている。

　　神さまの存在に気づく、霊を見るといった体験をすると信じることができるが、そういう人たちは少数派なので、大多数の人たちには理解されることはなく、目に見えないものの存在は不確かなままである。そこで多くの人々の理解を得るために、目に見えないものの存在を言葉で表し、人々の心に訴えていかなければならない。多くの人々の心に届く言葉は、普遍性をもつ真理である。そのような真理を探るため、さらに論証を進めていく。

1．想念世界と魂

魂の存在

　想念波動エネルギーの塊である魂や霊の存在について見てみる。科学の進歩により、脳の解明は進んでいるが、今なお解けない謎の部分は多い。脳はまさに神業的なすばらしい仕組みで機能している。しかし、現代科学、脳科学は脳（肉体）のみを対象とした研究であり、偏りがあることは否めない。目に見える物質、その機能を研究することにとどまっているといえる。ここで、次のような疑問が生じる。では、その脳を動かしているのは何なのか？その意思はどこから来るのか？「朝起きる、起きない」「行く、行かない」「頑張る、あきらめる」それらを選択しているのは誰か？　選んでいるのは

何なのか？　つまり、魂の意思（想念）が存在し、脳に刺激を与えなければ、脳は動かないのではないだろうか。

　魂の意思（想念）があるから、その想念波動エネルギーが脳に伝わり、脳の機能を使って肉体が反応し、その意思を実現できるといえる。例えば、自動車も様々な部品が組み合わされ、それぞれの機能が働いて動く仕組みになっている。しかし運転する人がいなくても勝手に動くのだろうか？「あそこへ行こう」「スピードを出そう」「ブレーキをかけよう」そう考える意思がなければ、そのように車は動かない。人間も動物も虫も植物も同様、肉体だけでは動かない。それを動かす魂（想念波動エネルギー）が存在しなければ、いくら機能や仕組みが備わっていても、肉体を使って行動し、現実化することはできないのである。

　この世における、人間や動植物の死とは、肉体の全てが動かなくなったときである。しかし、それを動かしていた魂は消滅しない。肉体をもたない裸になった魂は、あの世へ帰り時間や空間の制約を受けない自由な身となり、霊として私たちを見守ったり導いたりしているのかもしれない。

　次に、脳死について考えてみる。脳死とは意識を司る人間脳の死であり、魂の意思を人間脳・動物脳に伝えるルートが途絶えたということである。無意識に行われている肉体を維持するための植物脳は生きており、植物脳を動かしている魂もその意思もまだ存在している。生きていたいと思うから心臓は動いているのである。目で見てわかる反応は全くないかもしれないけれど、魂（想念）で対話すること、右脳を使ってテレパシーで通じ合うことができるのではないだろうか。その人は、生きたいと思い、そして何よりも生かされているのだから。相手を理解しようとする想いがあれば、心で通じ合うことができる。何もわかっていないのはどちらの人間だろうか。やはり、魂と肉体を切り離して考えようとすることは不自然なことといえる。

この世に生きる魂

　この世で生きる魂は、より広くより高次な心を育てながら、脈々と受け継がれている魂をさらに磨き、上書き保存していく。また、想念波動エネルギーの塊である魂は、肉体を通して実体のない想念を現実世界に現し出している。それは魂の表現活動とも言える。あの世に存在する魂が、この世に生まれ、目に見える世界で生きている状態なのである。

　赤ちゃんの行動を考えてみる。生まれてすぐの赤ちゃんは、ほとんどの時間眠っている。つまり、魂が自由に活動できるあの世に存在している時間が長い。しかし、肉体をまとっているがために、お腹がすくと目を覚まし不快を訴えて泣く。この世に生を受け肉体をまとうことで、空間や時間の制約を受けるようになった魂は、肉体を上手く取り扱うための訓練をしなければいけない。肉体を維持するために食べ物を摂取することを知る。また眠ること、抱かれることなど、肉体に必要な生理的欲求を満たしながら、徐々に肉体の操作を覚えていく。この世で泣くことでしか魂の表現活動ができなかった赤ちゃんは、肉体を通して外部環境から様々な刺激や情報を吸収しながら、感情や言葉を覚え、徐々にこの世の環境に適応して生きていくようになる。つまり魂の想念を、肉体で表現することを覚えていくのである。

　想念波動エネルギーの塊である魂には、電気信号を送り、肉体を動かす力がある。したがって、目に見える肉体の働きを知ることで、想念の存在を知ることができる。魂が想ったり考えたり、知り得たり、感じたりするときには、肉体も全て連動して反応しているといえる。魂が入っていない肉体は、ただの抜け殻であり、魂が存在しなければ脳や肉体は機能しない。あの世の魂がまずありきになるのである。

　また、睡眠中（肉体が意思で動かない状態）のときに見る夢は、魂の存在を実感できるときである。私たちは1日のうち3分の1は眠っている。睡眠中は、目に見えるもの（肉体）は休んでいるが、目に見えないもの（魂）は

活動し続けている。想念波動エネルギーが飛び交う想念世界の中を、魂（想念）は自由に飛び回っているのである。つまり睡眠中は、魂だけになった人間が生きている時間になり、目覚めているときは肉体と魂の両者が共に活動している時間ということになる。

　睡眠中に魂はあの世に行き、無限に広がる想念世界で、現世を振り返ったり未来を見たり、神や霊人や人間とコンタクトを取ったりしている。睡眠中に得た経験や情報は、無意識的記憶倉庫に残り、この世の人生に影響を与えているのである。したがって、あの世は死んでから行く場所ではなく、この世と同時に存在している場所といえるのである。

　また、起きているときと寝ているときでは、時間が過ぎていく感覚が全く違う。魂は無限であり時間や空間の制約を受けないので、夢の中ではいつの時代でも、いかなる場所にでも行くことができ、時間を感じる肉体がないので、睡眠時間もあっという間に感じる。一方、起きているときは有限である肉体と共に活動しているので、時間を感じるのである。

人類の進化

　人類は何に向かって進化しているのか？　それは全知全能の神さまに、より近づくためである。科学は日々人間の知識と技術を進化させている。本能的欲求を満たすために生きていた原始時代から現代に至るまでに、あらゆる分野で研究が進み、人類のもつ知識や知恵は膨大なものとなり、それに伴い技術も進化して、人間の可能性は止まるところを知らない。

　例えば、移動することを考えてみる。基本は自分の足である。昔は生まれ育った場所しか知らず、狭い世界の中で、無限に広がる世界があることも知らずに人生を終えるのが当たり前であったが、今では人類は宇宙にまで行くことができるようになった。実際に行かなくても映像で見ることができる。

　また、伝達手段を考えてみる。直接話すことから始まり、手紙、電報、電

話になり、さらに近年、電話も急速に進化し、今や多くの人たちが携帯電話をもつようになり、世界中のどこにいても直接話せるようになった。

　なぜ人間は遠くへ行きたがるのか？　なぜ人間は遠くの人へ想いを伝えたがるのか？　なぜ人間はあらゆることを知りたがるのか？　なぜならば、それらが全て可能であることを、魂は知っているからである。肉体をもたない魂（想念）は瞬時に移動できるし、遠く離れていている人へ想いを届けることもできる。想念世界では可能なのである。魂はそのことを知っているので、この世に生まれて肉体をもつがために、時間と空間の制約を受けながら現世を生きている魂も、それを求めるのである。また、宇宙全体とつながることができる無意識的記憶倉庫には、全知全能の神さまの情報が入っている。知ることができないだけであって、全知全能になる可能性を秘めている。したがって、人間は知らないことを探求し続けるのである。

　人間は映像を記録する目というカメラやビデオをもち、時間を体感できる体内時計をもち、体温を調節する皮膚という被服をもち、様々な感情を込めた音を出す声という楽器をもち、生命を作り出す生殖器官という工場をもち、体内に入った異物を排除したり健康を維持したりする、自然治癒力という有能な医者をもち、あらゆる情報を収集し処理する脳というパソコンをもっている。このような人間を創ることができる全知全能の神さまに、どれだけ人間は近づくことができるだろうか。

　想念世界で可能なことを、人間は現実世界でも可能なものにしようとしている。ここで、脳とパソコンの関係を見ていく。インターネットはまさに脳の意識と無意識の関係に似ている。インターネットにつなぐと膨大な量の情報を得ることができるはずであるが、実際に検索して得るのは自分が必要としている情報のみである。実際に情報を得て初めて自分のものになり、自分の脳（意識）に入る。膨大なインターネット情報が存在し、知ることができるのに、検索しなければ、またそれがヒットしなければ意識に入らない情報、

つまり無意識的情報になる。人間の脳も同様のことがいえる。無意識的記憶倉庫に入っている膨大な量の記憶情報の中から必要なものを取り出し、意識的記憶倉庫へ取り出しているのである。ただ、神さまが創った脳と人間が作ったパソコンでは雲泥の差がある。脳の無意識的記憶倉庫には全知全能の神さまの情報が入っているのである。人類がまだ知り得ていない情報を知るチャンスは、全ての人に平等に与えられている。人間は人類共通の無意識的記憶倉庫の入った脳をもっていて、人類は全てつながることができるのである。

　余談であるが、芸術家やアーティストなど、創作活動をしている人たちは自分の脳をフィルターにして、人類共通の無意識的記憶倉庫から取り出したものを外に向け発信して表現している。いつの時代にも盗作問題など起きているが、この世に自分だけの考えというものはないのである。同じ無意識的記憶倉庫から取り出しているのだから、その表現が似ていることはあり得る。

2．神人と潜在能力

神人とは

　進化した人間＝心の美しい人間＝幸せいっぱいの人間は、神さまと共に生きていけるということについて考えてみる。

　ここでまず『日月神示』『日月地神示』を参考に見ていく。先にも触れた『日月神示』は昭和19年6月10日以降、高級神霊より画家の岡本天明に降ろされた神示で、1990年代より解読が進み、広く知られるようになったものである。また『日月地神示』（神人著／個人出版）[4] は、平成18年6月6日以降、天の日月の神より神人さんに降ろされた神示である。内容に共通点が見られるこれらの神示と出会ったことは、必然的であり、かつ計画されてい

たことに思える。おかげで、神さまの存在をより確信でき、その存在を意識しながら、さらに多くのことを知ることとなった。

これらの神示で伝えられていることについて考えてみる。大神が神を生み、神が人を生む。人は神の入れ物であり、"神と人"共に生きている。また神と人の間には霊人がいるので、"神霊人"共に生きているということになる。これを受け入れ、実感できる人は少ないかもしれないが、私はこのことを知ってから、自分は肉体という着ぐるみを着た霊人といった感覚でいる。

次に、神人について考えてみる。身魂磨きができ、心の美しい人、慈愛に満ちた幸せいっぱいの人になるということは、神霊人共に高いレベルの心になっている。そのような神人の心から病気は生まれない。したがって死の原因は老衰になる。また死とは肉体にとっての死であり、霊人にとっては生なのである。私たちがこの世で死ぬとき、私たちの中の霊人はあの世で生まれることになる。霊人はあの世とこの世で、永遠に存続しうるものであるとわかると、死は怖いものではなくなる。つまり、生・老・病・死の苦から解放され、永遠の命を手に入れることになるのである。また神人となると、直感力、想像力、テレパシー力などの能力を使い、神や霊人と想念のやり取りを行い、神さまの意図を理解し、神さまの愛の中で生きていけるようになる。

ここで、なぜ日本に梅雨があるのか考えてみる。夏至（6月21日頃）は、北半球では昼の長さが一番長く、夜の長さが一番短い日である。地面が陽の光を最も多く浴び、熱を地表に吸収しているこの時期に、日本は全国的に梅雨のさなかにある。この時期に雨が降るということは、地面の温度が高くなりすぎるのを防ぎ、その後の夏の暑さを和らげてくれているのである。これは日本に対しての神さまの愛以外の何ものでもない。人間が自分勝手な振る舞いで、自然の法則を乱しているから、空梅雨、熱帯夜、温暖化による気温の上昇などを招き、神さまから本来与えられている愛の恩恵を受けることができなくなっているのである。このように世界を見ると、あらゆるものに神

さまの意図や愛が存在していることに気づくことができる。広く美しい心を持つ神人となり、神さま、自然、他人を愛するようになれば、神さまの変わらぬ愛を受け取ることができるのである。近い将来、人類が無事に魂の進化を遂げることができると、このような神人が生きる世の中になるのである。

人間が秘める潜在能力

（１）直感力

あるがままの理想の人間（神人）の心を手に入れることができると、直感力、想像力、テレパシー力といった人間のもつ様々な潜在能力が顕れてくる。このような潜在能力を得ることができると、想念世界（4次元世界）を意識し感じつつ生きていける。4次元世界（想念的空間）は、3次元（物理的空間）を超えた世界である。

まず、直感力を考えてみる。直感力とは、「莫大な量の記憶情報、宇宙の記憶が入っている無意識的記憶倉庫から、自分に必要な記憶情報を意識的記憶倉庫内に取り出す能力のこと」である。つまり必要なときにいつでも宇宙とつながることができる能力なのである。

しかし、あるがままの理想の人間の心を手に入れることは難しい。そこで睡眠中の心の状態を考えてみると、少しは実感できるのではないだろうか。普通、人間は睡眠中に夢を見る。睡眠中は意識がないので、人間脳の働きは止まっている。そして無意識に行われる植物脳の働きで、体は維持される。その状態は心身共にリラックスしていて、健やかな状態といえる。そうした状態のときに夢を見る。夢は無意識的記憶倉庫内の記憶情報が表れたものである。その人に必要な記憶情報を、睡眠中に無意識的記憶倉庫から得ていることもある。日常の延長線上にある雑多な夢とは違った意味のある夢というものがあり、それは神的存在からのメッセージである場合がある。そうした夢の特徴としては、とても鮮明であったり、強く記憶に残ったりする。この

ように、睡眠中に意識的記憶倉庫と無意識的記憶倉庫の双方間で情報の伝達移動が行われていると考えられる。

　したがって神人となり、広い心、悟りの心を持てると、起きているときも常に睡眠中のような平安な心の状態を保つことができ、無意識的記憶倉庫内の記憶情報を得ることが可能になる。無意識的記憶倉庫内の記憶情報が意識的記憶倉庫に入るとき、ひらめく、突然新たな考えが頭に浮かぶといった感覚を体感することができる。こうした力を直感力（インスピレーション）という。神さまや想念世界を信じ、それを感じながら生きることができるようになると、自分という小さい人間の意識的記憶倉庫内で物事を捉えるのではなく、無限に広がる無意識的記憶倉庫内に答えを求めることができるのである。

　一方、自己中心の心や我欲が多ければ多いほど、心は自分のための想いでいっぱいになるので、神さまや無限に広がる無意識的記憶倉庫からの情報が流れ込む余地がなくなっていく。つまり人間本来の心に近づくにつれ、美しく透明な心になり、無我に近い状態になることで、無意識的記憶倉庫からの情報を得ること、つまり内なる声を聞くことができるようになる。内なる声とは神さまや先人たちからのメッセージともいえる。無限大の記憶が入った無意識的記憶倉庫から、必要なときに必要な記憶を意識化できるようになるのである。

（2）想像力

　人間本来の心になる過程で何を身につけているかといえば、目に見えない心、相手の心、自然（神さま）の想いを感じ取る想像力である。また想像力とは映像を脳内で再現する、イメージする力でもある。想念波動エネルギーが満ちている想念世界として自然界を見てみると、目には見えない想いのやり取りやイメージ化といったことが常に行われているといえる。

　そのことを実感してみる。まず目を閉じて、視覚からの情報を遮断する。そして自分の周りにあるものをイメージしてみると、脳内で映像が浮かんでくる。その映像が心の眼、第3の眼、額の眼でみた映像になる。さらに今部屋の中にいるとしたら、そのまま屋外へ出てみる。順路をたどって出ることも瞬時に出ることも可能である。このとき肉体は全く動いていないけれど、想念は移動しているのである。つまり想念波動エネルギーの塊である魂は、簡単に肉体と離れて移動できるのである。これらは自分が意識できる意識的記憶倉庫から記憶を取り出しているのでリアルに想像できる。

　一方、想像力を磨くと、人類共通の記憶が入った無意識的記憶倉庫から記憶を取り出して映像として見ることができるようになる。想念は時間や空間の制約を受けず、時空を超えることができる。つまり、ドラえもんのように「タイムマシーン」や「どこでもドア」が使えるのである。想像力を磨くと五感をフルに使ったリアルな想像ができるようになるため、昔のことを思い出しても本当に昔のそこにいる現実味のある感覚を経験でき、同様、未来のことをよりリアルに想像できると未来に行くこともできる。これはつまり「タイムマシーン」に乗っていることになる。リアルに想像できるということは単なる妄想ではない。無意識的記憶倉庫内には自分が経験していない記憶やこれから経験するであろう記憶なども入っているので、そうした記憶を意識化できるということは、本当に過去や未来へ行っていることになるのである。

　また今行きたい場所を、よりリアルに想像できると、本当にそこへ行った感覚を味わえる。肉体的には不可能であるが、想念は空間を超えることができ、本当にその場所へ行っているのである。これはつまり「どこでもドア」を使うことになる。これらのことは、想念波動エネルギーが満ちている想念世界では可能なことなのである。

（3）テレパシー力

　不幸の記憶を幸せの記憶に変え、広く美しい心を手に入れる過程で、直感力、想像力を磨いている。直感力で無限の記憶から知恵を得ることができ、想像力で他の人間、動物、植物などに想いをはせることができるようになる。これらの能力を使い、目に見えない想念でやり取りをする力がテレパシー力となる。テレパシーを使えるもの同士だと、遠く離れていても想いを伝え合うことができる。こうした能力を使っている場所が、無意識的領域を司る、脳内の右脳部分ではないだろうか（後にその場所は脳の中心部分にある松果体とわかる）。

　ここで無意識的記憶倉庫をテレビやラジオに例えて考えてみる。個人の無意識的記憶倉庫を各家庭のテレビ、ラジオとして、自然界（神の世界）の神さまや先人たちの記憶倉庫を、テレビ局やラジオ局とする。レベルアップして広い心、美しい心になるにつれ、チューナーがキャッチできる周波数の数が増える。その分、放送を見たり聴いたりできるテレビ局、ラジオ局の数が増え、より多くの情報を受け取ることができるようになる。またレベルアップすればするほど、リアルで鮮明な映像を見たり、雑音の少ない音を聴いたりできるようになる。つまり、テレビやラジオの性能が良くなるのである。

　そして同じようにレベルアップした広い心を持つもの同士は、同じ内容の放送を受信できることになる。また、想いは受け取るだけでなく、送ることもできるので、発信した情報は空中を飛び、相手も同じような受信能力があればそれをキャッチでき、お互い交信できるのである。テレビやラジオが、空中を飛ぶ見えない電波を拾って音や映像を伝えているのと同様、想いという波動が空中を飛び交っている想念世界では、無意識的記憶倉庫がそれらの波動をキャッチして、脳内で想いや像として伝えていると考えられる。

潜在能力の必要性

　世の中には霊やオーラ、妖精など、普通の人には見えないものが見える人がいる。直感力、想像力、テレパシー力といった力を使って、目に見えないエネルギー体を像としてリアルに想うことができるのである。したがって見える人にとっては、それらは確かに存在しているといえる。

　今私たちが生きている世界は3次元世界（目に見える世界）ではなく、4次元世界（想念世界）であり、目に見えるものと目に見えないものが共存している世界と考えなければいけない。太陽の光も何の光もない真っ暗闇の中では何も見えない。見えないけれども確かにあらゆるものが存在している。

　このとき3次元と4次元の境界線がなくなっている。そして光が当たると人や自然、といった目に見える物質（肉体）を持つものは、この光を反射して色を放ち光り出す。人も木も海も光っている。これは星や月が太陽の光を受けて光り輝くことと同じである。

　一方、霊や妖精やオーラなどはこの世に肉体を持たないので、光を通してしまい反射しない。したがって色も放たないし実際見ることができない。しかし想念世界として見ると、エネルギー体として存在しているのである。霊や妖精やオーラなどは肉体を持たない魂なので、普通の人の目には見えない。しかしこの魂（想念波動エネルギーの塊）を像として心の目で見ることができる人がいるのである。

　こうした能力を生まれつき持っている人がいるけれど、現実生活において人間として生きていく中で手に入れる方法を述べてきた。神さまがお創りになったあるがままの人間は自然の法則に反しない、自然と共存できる人間である。つまりこれらの能力は自然と共存するために必要な能力なのである。しかし現代社会の人間は自然から離れた生活をしているために、このような能力が眠っている状態である。これからは、潜在能力を目覚めさせ自然と共存できる人間（神人）に進化することが必要となってくる。

魂のさらなる進化を目指し、肉体を持つがゆえの制約を超え、3次元世界（物質世界）を超えた4次元世界（想念世界）を知ると、今の人間が「井の中の蛙」状態であること、とても狭い世界、狭い価値観や視野の中で、間違った快を求め、苦しみながら生きているということに気づく。

　不幸の記憶を幸せの記憶に変え、我欲我執の汚れのついた自己中心的な心を、愛でいっぱいの利他的な広い心にすることで、汚れが落ちたピカピカの魂へと磨き上げることができると、自己の魂の奥深くにいる神さまと出会うのである。この内なる神さまとの出会いにより、神さまの存在を確信できると、神さまと共に生きる神人となることができる。内なる神さまが存在する場所が、松果体ではないだろうか。内なる神さまと出会うということは、この松果体が正常に機能し始めるということである。そして松果体が目覚めると、左脳、右脳、間脳を中心としたあらゆる脳機能が正しく連動することとなり、人間が持つ能力が開花するのではないだろうか。このことを想念世界的に見ると、内なる神さまを通じて、人間世界（左脳）と外なる宇宙（右脳）と内なる宇宙（間脳）がつながることになり、人間は自然との調和がとれた宇宙内で、神さまと共に想念世界で生きることが可能となるのである。

　そして想念世界で生きることができる神人は、神さまが願う姿であるので、神さまの応援を受けることができ、順調に事が進んだり、奇遇なことが起きたりする人生となり、幸運な人間になれる。人類がこのような魂の進化を遂げることができるよう、神さまは、はるか昔より導き見守り続けているのである。

第Ⅱ部

スの神さまへと続く道

第5章　宇宙の真理と日本神道

　　第Ⅰ部では、自分というもの、人間というものを見つめ、自己内世界を探求し続けることで知り得たことを述べた。汚れがいっぱいついた魂を、地道に磨いていくうちに、魂の奥にいる神さまに出会い、神さまの存在を確信した。それは、自己内に目を向けることで発見することができた神さまである。

　　第Ⅱ部では、無限大の宇宙に目を向け、時空を超え、想念世界を探求し続けることで知り得たことを伝えていく。インターネットの普及という時代が追い風となり、必然的と思われるブログとの出会いを通じて、考えは進化していった。それと並行して、内なる神さまの存在を感じながら、導かれるように神社めぐりを行い、次々と新たな神さまと出会うこととなった。これらの経験から得た情報と内なる知とを融合させることで、気づき、知り得たことを伝えていく。

　　まずこの章では、宇宙の真理に基づいた、宇宙の法則に則った日本人の神信仰について述べ、日本は世界の中で要となる国であることを伝えたい。

1. 宇宙の真理

宇宙の摂理（物質世界）

　宇宙の中の銀河系の中の地球に住んでいる私たちは、無限大に広がる宇宙（自然）の中の限りなく小さな一部分である。この目に見える世界・自然界では、日々生まれ死ぬということが繰り返し行われている。

　宇宙が星を生む。宇宙が生んだ星の中に、太陽、地球、月がある。つまり、これらの星は宇宙の子どもであり、兄弟といえる。そして地球という星が自分の肉体（物質）の中から海、陸、山、川といったものを生む。そして、さらに地球上の自然が植物や動物を生む。想像できないほどの永い時間をかけ

て宇宙は現在の形になり、そして全てを生み、育み続けている。いかなる世界でも、子どもが成長する上で、親が多大な影響力をもつように、地球上の全ての自然は、宇宙や太陽や月などの影響を受けながら存続している。

　宇宙が大親と考えると、星も海や山も草木や動物もみんなその子のまたその子のまたその子の……になる。親の肉体（物質）の中から子を生み出す。人間が子どもを生むことと同様、肉体（物質）と肉体（物質）が融合することで新たな肉体（生命体）を作り出すのである。（第9図a）

　ここでは、このような自然の摂理の捉え方を「分化論」とする。一般的に知られている進化論的に人間を見ると、生物界という狭い枠組みの中では、進化し続けた結果である人間が一番賢い生物という位置づけになる。しかし分化論的に見ると、人類は底辺に位置している。そして最後に生まれ出た幼子であるにもかかわらず、驚異的に進化した脳、発達した知能を与えられた人間は、自らが一番偉いと思い込み、自分勝手に振る舞っている。敬うべき親である地球を汚し、自然の摂理を乱しているため、その代償として今苦しんでいるのである。

　古より科学者たちは、目に見える世界、自然界を対象として、物質の究明、またそれらのもつ働きや法則といった自然の摂理を解明し続けている。研究は進められ、マクロ的にもミクロ的にも多くのことが科学的に証明された。しかし、そうした自然の摂理を知ることと、人間中心の考えで自然を自由に操作することは別である。我々人類の親（自然）を知ることは、人間の理解を超えた自然の摂理を知ることになる。分化論的視点に立ち、謙虚な姿勢で科学を探求すると共に、親（自然）に対して畏敬の念をもち、感謝することを忘れてはいけない。

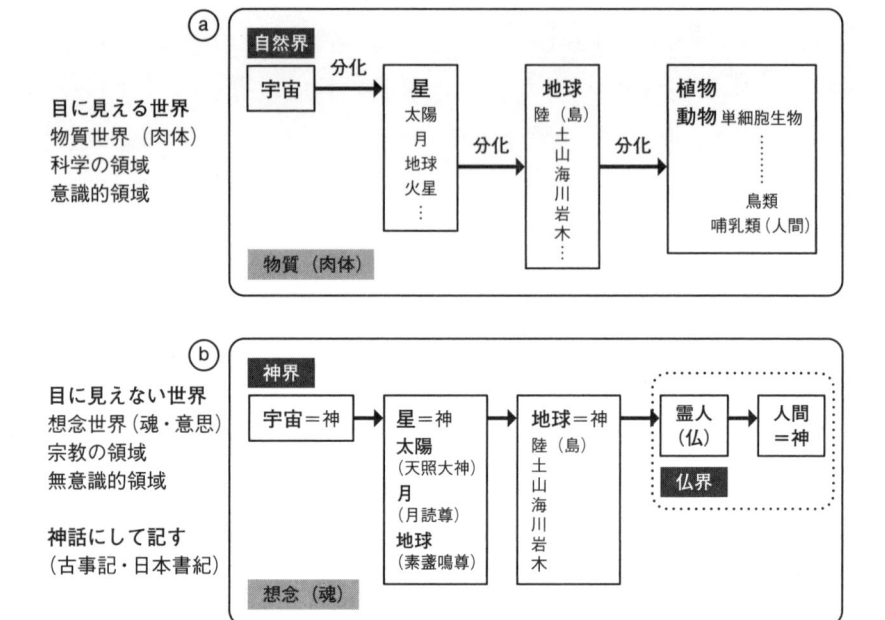

第9図　宇宙の摂理

宇宙の摂理（想念世界）

「目に見える自然界に存在している物質は、全て想念（魂、意思）をもっている」

　これは真理である。物質世界で見られる、宇宙が星を生み、星（地球）が陸や山や川を生み……という過程において、それぞれがもつ想念（魂）も同様に、互いに影響し合い、融合し、新たな想念を生み続けている。例えば、人間の想念（魂）について見てみる。個人の思考や感情は、両親、兄弟姉妹、友達、先生など関わりのある人々の考えや思いを取り入れ融合しながら作られていく。さらに花や動物に触れることで自然の美しさや不思議さを学び、あらゆる科学を通して知識を学ぶことで、自然や先人たちの想念を自分の中

に取り込みながら、新たな想念（魂）を作り続けることになる。したがって宇宙の想念から新たに生み出される人間の想念の中には、融合された宇宙、自然、先人の想念が内包されていると考えられるのである。

　目に見えないものを信じない人は、人間は死んだら終わりで何も残らないと考えるが、実際は違う。人間は肉体と魂で構成されているのである。そして人間だけでなく、宇宙という大親から生み出される自然界に存在する物質は、全て魂を持つと考えられる。人間のような高度な動物にしか魂はないという人、アメーバには魂がないとする人は、相手の立場に立って考えることができない人、純粋さや素直さ、そして想像力が乏しい人たちといえる。確かに、人間から離れたもの、自分と異質なものほど、その身に置き換えて考えることや想像することは難しい。しかし、それらに対する思いやり（愛）を持ち、アメーバの気持ちに想いをはせることができる人間になりたいと思う。

　さらに異質なものについて考える。島、山、海、川、岩、石……など無機質な物質も生命体であり、想念（魂や意思）をもっている。そして太陽、月、地球などの星にも、大親である宇宙にも想念（魂、意思）が存在しているのである（第9図b）。信じ難いことではあるが、イメージ豊かに想像していただきたい。そして、宇宙、星々、山、岩……人間といった全ての自然がもつ想念は同質であるため、宇宙の摂理に沿った在り方でいると、お互いの想念を知ることができる。想念波動エネルギーで満たされ、想いが飛び交う想念世界においては可能なのである。

　このことは、人間社会の中で汚れてしまった心では理解できない。これを理解できる想像力を身につけるためには、広く美しい心、神さまがお創りになった、あるがままの人間の姿にならなければいけない。古代の人々はそれを理解することができた。神さまがお創りになった人間本来の姿である神人として生きていたからである。想念（魂）をもつ宇宙や太陽、月、山、川、

木など自然そのものを神として崇め、自然に対して畏敬の念を抱き、自然と共存しながらて生きていた。

　全てを生み育む大親である宇宙は全てを知っている。宇宙の仕組み、自然の摂理というものを全て知っている。太陽、月、地球といった星も、地球上にある島、山、川、岩といった自然も、それぞれの立場で、自然の摂理というものを知っている。この世に永く存続しているものほど多くのことを知っているのではないだろうか。

　宇宙、太陽、月、地球、海、島……それらは人類の歴史とは比較にならないほど長い時を生きている。樹齢数千年という木に想念があるとすると、同じ場所に生き続け、周りで起こる様々なことを見続けている木は、人間よりも多くのことを知っているといえる。もし、木と想いのやり取りができれば、人間が知らないことを教えてもらうことができるのかもしれない。古代の人々は、人間より長く生きている老木に対し畏敬の念を抱き、神性を感じ、神木として祀っていた。太陽、山、磐など、様々な自然と意思の疎通を行い、想念世界に生きていたのである。

スの神さまと光

　あらゆる自然を生み出し、宇宙を創っている大元の神さま、つまり宇宙創造神は、「スの神さま」ともいう。あらゆる自然は、目に見える肉体と、目に見えない想念からできていると考えると、スの神さまの想念は、「光」としてこの世に現れるのではないだろうか。肉体を持たず想念として存在している天界の神々の姿も光と考えられる。「神」という漢字は、「示＋申」で、「示」＝かみ、まつりと「申」＝いなびかりという意味をもつ漢字の組み合わせになっており、転じて雷神、天の神ということからも、神と光は一体と考えることができる。

　神の想念は、光線、電波として自然界に存在している。太陽神（天照大

御神）は太陽の光を地球上に届け、自然界に多大なる恩恵を与えている。そして月の神さま（月読命）は、太陽の光を借り少ない光ではあるが、闇を照らしている。月の満ち欠けにより光は変化し、特に満月と新月は、自然界に与える影響力が大きいとされている。また、雷神は何万ボルトという電気エネルギーをもつ稲光を発する。近年よく見聞きする、雷を伴う集中豪雨などは、自然への配慮を欠いた発展を続ける人類に対する神さまからのメッセージといえる。このように自然そのものを神とした場合、光として存在している神々がいると考えることができる。光が伝わる速さは何よりも速く、何万光年と離れた星からも光は届くことからも、無限大に広がる宇宙全体を司るスの神さまの姿は光と言えるのである。

　ここで「想念は光である」と考え得るために、私たち人間の体の中にも神がいるということを実感してみる。生物の体内には神経が張り巡らされており、「神経」は字のごとく神の通り道である。神経細胞が受け取った信号を電気として伝えているということは、肉体の中を電気が走っているということになる。光と電気の関係を見ると、「光と電気、いや電子は、実は密接な関係があって、原子レベルでは電子と光は絶えずエネルギーの授受を行っています。電子が放出するエネルギーが光を含めた電磁波であり、電磁波からのエネルギーを受けて電子は運動します」（光と光の記録−記録編）という説明からも、光と電子は密接に関係しており、光を放つ電気が体内を移動していると考えることができる。

　掃除機、洗濯機、テレビなどの電化製品は電気を使って動く。つまり電気エネルギーを運動エネルギーに変換し動いている。これと同様のことが自然界に存在する全ての生命体の中でも起きているのである。魂は想念波動エネルギーの塊である。つまり生命体はその想念がもつ波動エネルギーを運動エネルギーに変換し、肉体を動かしていると考えることができる。

　人間を含む全ての自然物には、肉体と魂がある。ここで、人間は肉体とい

う着ぐるみを着た霊人とすると、肉体とその中の霊人とをつないでいるもの
が神経であり、その中を通っているものが、光を含めた波動エネルギーや電
磁波とすることができる。想念＝光＝神と考えると、体中に張り巡らされて
いる神経の中を、たえず光が通っているということは、生命体の中に神が存
在していると考えることができるのである。

　また、目に見えない想念世界に生きる霊人は、宇宙や神とつながっている
と考えると、霊人が、外部の宇宙や神から何かしらの情報を受け取るとき、
自己内宇宙から神経を通して肉体に信号が送られ、それらの情報を意識化し
ていると考えることができる。例えば、危機が迫ったとき心臓がざわざわと
震え胸騒ぎがおこる、恐怖を感じたとき全身に電気が走るように鳥肌がたつ
といったことが起きる。また、目に見えないものからのメッセージが届くと
きに脳がグワーン、グワーンとなり、頭を中心に鳥肌がたつ、毛がたつと
いったことが起きる。これらの現象は意識的にではなく、無意識的に行われ
ることであり、目に見えないものからのメッセージを自己内から受け取って
いることになる。目に見えないものとは神さまであったり、守護霊であった
り、人の想いであったりする。このことから、人間は自己内部において自己
外宇宙や神々とつながっていることがわかる。つまり人間を含む生物や自然
の中には、光を含む波動エネルギーという姿で、神が存在するといえるので
ある。

２．日本神道

日本人と神さま

　宇宙を司るスの神さまは、地球を創り、自然を創り、人間を創った。太古
の昔、大地震と大津波により海に沈んだとされるアトランティス大陸やムー

大陸などの話を聞いたことがある。何度人類の誕生が繰り返されたかはわからないが、いずれも神が望む人間になることができず、滅亡の道をたどった先人たちがいたのである。そして今地球上で生きている我々は、最後のチャンスとしてスの神さまが一から創り直した人類であり、その祖が、神の国日本に住む神の分け御霊を持つ日本人なのである。

　古代日本人の宗教の原点は、自然万物に霊魂があり、神さまが宿っていると考え、それを畏怖し崇拝するアニミズムと呼ばれる原始信仰である。しかし長い歴史の中で、仏教の影響を受けたり、時の権力者に利用されたりといった時代を経て日本人の宗教観は変化し、今では、神社における参拝、祈祷、祭りといった儀式的なものとして残っているだけで、一般の人々に神への篤い信仰心は見られない。自然＝神さまと心底信じている人など、どれだけいるだろうか。しかし、古代日本人が信仰していた神道こそ、真の神の道だったのである。神の国と呼ばれる日本は、世界で唯一、神の言葉が伝え残されている、神の教えが満ちている国なのである。

　日本全国の至る所に神社があり、その数はコンビニの数より多いといわれる。車で走っていると、平野や山など身近なところで、鎮守の森やお社を見つけることができる。意識して探してみると、その数の多さを実感できるであろう。社殿が建てられるようになったのは、神道の長い歴史から見ると最近のことで、それまでは、自然の中に神を見出し、山、森、神木、磐座など、自然そのものをご神体として祀り、人間界と一線を引いた、神さまの領域、聖域として守ってきたのである。

　また、戦前の日本人の心には、ご先祖さまや神さまを敬う信仰心がしっかりと残っていた。日々の暮らしの中で、ごく自然に、神さまや自然に対して畏敬の念を抱くことができていた。そのような思想が、神の国に住む日本人を日本人たらしめていたのである。しかし、戦後以降、日本人の心の堕落が、加速度を増して進んだことは否めない。日本神道の長い歴史からみると、戦

後70年など、ほんのわずかな時間である。人類誕生である何十万年以上も前から神の教えが伝えられていると考えると、日本人の心の奥底には神の道に生きる思想が息づいているはずである。今こそ、忘れてしまった心を思い出すことが求められる。

　日本人は無宗教な人が多い、世界的に見ると特殊な国民と思われているが、実は、どの国よりも神の存在を自然に無理なく受け入れることができる国民なのかもしれない。他国の人々は、厳しい戒律を作り、神に祈り、神に懺悔（ざんげ）しながら生きている、信仰篤く生きているように見えるが、ではなぜ、神を信じ、愛や平等を唱えている人々が、戦争をするのか。なぜ、正義の名の下に無抵抗の人々を大量に殺すことができるのか。日本人は、神を信じ、熱心に祈らなくても、戦争放棄を誓い、平和を願うことを当たり前にできる良心をすでに持っている。日本人の心には、思っている以上に神の教えが浸透していることに、私たちは気づいていないのである。

自然の中に神を見る

　古代日本人は、自然の恩恵に感謝し、自然と共に生きる知恵を伝えながら、悠久の時を生きてきた。人間が生きるために必要な水や食物など、口から直接摂取するものは、全て自然のものである。またそれらは、太陽や月、地球上全ての自然が神業的な摂理の下、存在する中にある。人間は自然に生かされ神さまに生かされながら命をつないでいることを知っていた。

　太陽神は天照大御神（あまてらすおおみかみ）、日の神は饒速日命（にぎはやひのみこと）、月の女神は月読命（つくよみのみこと）、水の女神は瀬織津姫（せおりつひめ）、食物の女神、五穀を司る女神は豊受大神（とようけのおおかみ）など、古代日本人は自然界にあるものに神の名を付け祀ることで太陽と月、日と水、食物といった自然の恵みによって生かされていることに感謝し、そこに神の存在を感じ生きていた。

　島国に住む古代日本人の生活の場は、自然豊かな山や森であった。山に雨

が降り、山と水の働きにより滝や川ができ、木々や花、岩、動物など様々な自然が織りなす生態系ができている。そして身近な自然の中に神を見出し、水、川、滝の神さまを瀬織津姫、木々や花の神さまを木花咲耶姫、磐の神さまを磐長姫とするなど、自然に神の名を付け崇め祀っていた。

　神と交信を行う神聖なる場所やご神体となる山には、神木、磐座などが存在する。神は神木に降臨し、磐座に座り、人間（神人と呼ばれる人）と交信を行う。大いなる宇宙の根源神（そのお姿は光であり想念は喜びである）の想念を木花咲耶姫や磐長姫たちが受信し、現世界の現し身としての木や岩を通して神の想念波動を受信できる、巫女的な役目を担う神人に伝えていたと考えられる。宇宙に存在するスの神さまの想念波動を受信するための装置として、山、神木、磐座が用いられていた。想念波動エネルギーを自由に使うことができた古代日本人は、人力を超えたパワーを神より授かり、岩をも山をも動かすことができたのかもしれない。未知の能力である超能力、テレパシー、第3の目を使うことが可能だったのだろう。

　このように、スの神さまの想いを人間に伝える役目を担っていたのが、山、木、岩、水、日などに宿る神々であり、古代日本人が祀っていたこれらの自然神が、縄文の神々になる。そして今も変わらず、磐座である巨石、神木、滝や川などが存在するということは、その場所に行けば、今でも自然神やスの神さまと交信できるということになる。

　神々と交信できる神聖なる場所は各地に存在するが、ここでは、強力なパワースポットとして有名な天橋立エリアにある元伊勢籠神社の奥宮になる真名井神社を例として見てみる。境内にはご霊水である「天の真名井の水」が平地にある岩から湧き出ている。社伝によると、天村雲命が高天原へ行き、神々が使う水を黄金の鉢に入れて持ち帰ってきたといわれている。まさに天界の天の水である。この磐から湧き出る天の水で、穢れを祓い清めることで瀬織津姫と磐長姫の神力を頂くことになる。その後、拝殿に向かうと、拝殿

裏に神木と磐が合わさった大きな磐座がある。この木花咲耶姫と磐長姫の神力に守られている磐座が、天之御中主神（スの神さま）との交信が可能となる聖地であり、古代の祭祀場となっている。

　古代日本人は、こうした場所で神に祈りを捧げていた。祈りとは神への感謝を心と言葉で表すものであり、その一方では、神の御言葉を頂いていたといえる。このとき大物主命（想念の神さま）と事代主神（言葉の神さま）の神力により、スの神さまの意を知ることができていたのである。後に作られた鳥居や社殿などの建造物を無くして見ると、水、岩、木といった自然のみが残るが、その形こそが、縄文時代、あるいはそれ以前から古代日本人が行っていた祈りのスタイルといえる。これらの縄文の神々が復活するとは、神から離れてしまった人間たちが神々の想念に気づき、自らの内にその想念を見出し、対話しながら生きる道を選ぶことである。人間たちに消された神々の存在。それは人間が意識できなくなっただけのことで、その存在自体が消えたのではない。古代縄文の神々は、綿々と続く人類の歴史の中で、人間たちに今なお働きかけているのである。

神と共に生きる日本人

　科学の発達や近代化に伴い、自然破壊が問題となっているが、今なお神社やパワースポットは存続し、禁足地として守られている神の領域がある。お正月には初詣でへ行き、おみくじを引いて神の御言を受け、お札やお守りを買う人々がたくさんいる。人々の心や生活の場のすぐ近くに神さまの存在や領域があるといえる。神さまに守られていることを素直に受け入れ、神さまに身を委ね、生きていく道を選ばなければいけない。神社がある場所はパワースポットと呼ばれ、自然の息吹を感じ、自然の想いを感じ取ることが自ずとできる場所である。極楽浄土を願う仏教思想で作られたお寺とは違い、自然がもつパワー、つまり神の力を感じることができる場所なのである。

　龍の形をした日本国土は、世界の各大陸の形を合わせたようになっている。世界のひな形である日本には、全国にパワースポット、つまり「神スポット」があり、神社を建てご神体を祀ることで、結界を張っているのである。日本人が神社を守り、神に祈る心を持ち続けることで、神さまは今なお、日本国土（日本の肉体）と日本人の心（大和魂）を守り続けている。自然を大切にすることは、神さまを大切にすることにつながる。田畑や山の斜面が宅地に変わる、河川の側面がコンクリートで固められる、海が埋め立てられる、そのような様子を目にすると、失われた自然の恵みを思い、神さまに申し訳ない気持ちになると同時に、そのツケは自分たちに返ってくることを強く感じる。「自然との共存＝神との共存」これを最優先し、この視点をはずすことのない選択は正しい進歩になる。このことを理解し実践するためには、目に見える自然界の中に、目に見えない神の存在を見出すことが必要になる。

　ここで暦について見てみる。日本の国暦は明治5年まで太陰太陽暦であった。それは月と太陽の運行を考慮した、自然と共にある日本の暮らしに合った高度で科学的な暦であった。いかに日本人が自然と共存しながら上手く生きてきたかがわかる。しかし開国と共に、欧州に倣って太陽暦に変わるという、日本の自然を無視した、神さまを無視した政策がとられたのである。それ以降、伝統行事、農業、漁業などで混乱をきたしている。このように日本人の信仰心は、歴史と共に変化し、今では、目に見えないものは信じない、神などいないという日本人が大多数となってしまった。

　神さまの計らいで、諸外国からの悪い影響を受けないよう、鎖国政策で守られていた日本であったが、開国と共に神の国日本は、間違った道を歩み始めるのである。今となっては、我欲我執の心は肥大化し、拝金主義に染まり、すっかり落ちぶれてしまった日本人の魂であるが、宇宙創造神であるスの神さまは人類を救うため、地球を救うために、日本人に目覚めを促し、神の経綸を進めている。地球の危機に直面しているこのとき、日本神道を「真神

道」へと高め、世界に広げていくことが求められている。私たち日本人には神の経綸の手伝いをするという課題が与えられているのである。

内なる神さま

　自然の中に神さまがいるのと同様、自然の一部である人間の中にも神さまがいる。我欲我執をなくし、世のため人のために生きることができるまで魂を磨き上げることで、自己の魂の奥深くに発見することができる神のお社がある。このお社に祀られているものは、光り輝く御霊（玉、魂）であり、そこにいる神さまが、内なる神さまになる。この神さまは、人間自らの力でのみ出会うことができる神さまで、宇宙に存在する神さまとは違う位置の神さまになる。より現実味のある神さまで、人間の立場に立ち、人間の視点で物事を見ることができる神さまになる。

　心のお社を立てることができると、内なる神さまと共に生きる神人となる。神社へ参拝しなくても、いつでもどこでも自分の心に祈ることで、神さまの言葉を聞くことができ、心に願うことで叶えることができるようになる。もちろん内なる神さまは宇宙の神さまとリンクしているので、神さまを通じて宇宙とつながり、祈りや願いは宇宙へ届くことになる。自分の中に神さまがいるとわかることで、心強く正しく生きることができ、他人の中にも神さまがいると思うことで、自分と同じように他人も大切にすることができるようになる。心のお社を立てること、人間の内にある神さま（内在神）を発見すること、このことが、日本神道における進化になる。そしてこの進化した神道の教えが、全人類に共通の「真神道」になるのである。

　また、想念をもつ宇宙から、太陽、月、地球といった星が生まれ、地球から大陸が生まれ、島が生まれ、山が生まれ……という自然の姿や働き、また、神の想念といった宇宙の真理を伝えるために、神話が作られた。日本神話の代表的なものに『古事記』『日本書紀』がある。これは文字として残ってい

る神話になる。神は人に懸かり、言葉で語らせ、文字に残し、宇宙の真理や自然の摂理を伝え残している。しかし、人類誕生の時から、神さまと共に生きてきたことを考えると、記録に残っていない神さまの本当の教えが他にあること、現代人が解き明かしていない真理があることを知り、神の教えを正しく理解し直すことが必要になる。人類史上最も多くの神懸かりが起こり、神の想念を受け取りやすくなっている今、人智で説く神道ではなく、純粋に素直にまっさらな心をして内なる神さまと対話し、神さまに問い直し、真の神の道を知ることが求められるのである。

第6章 神の設計図

　　　古神道の教えに従い、神さまの意に乗った生き方をしてきた古代日本人は、自然の中に八百万(や　お　よろず)の神々を見出し、神の名を付け崇め、共に生きていた。

　　　また『古事記』『日本書紀』の神話に出てくる神々を祀る神社の場所やパワースポットは、神の計算のもとで決められ、結界が張られている。これは人智で計ることができない神業といえる。神社の祭神と位置関係から、神が仕組んだ伏線を知り、そこから宇宙の仕組みや神の意図を読み解くことができる。神の国日本に表されたスの神さまの想いを、素直に謙虚に受け止めることができると、真の姿が見えてくる。

　　　この章では、神の国日本を、目に見える物質世界と目に見えない想念世界が共存している4次元世界として捉え、日本国土に秘められた神の真意を明らかにしていく。

1．神の地球創り

天地創造と生命誕生

　約46億年前、地球という星が、太陽を中心とする銀河系に生まれた。岩石や金属でできた小惑星が衝突、合体を繰り返し、大きくなっていく過程で、熱エネルギーにより地球の温度が上昇し、岩石が溶けマグマの海となり地表は覆われた。一方では、地球の周りを覆うように大気圏ができ、水蒸気が雲となり雨となって降り注いだ。雨が地表に届くようになると、地表の温度が下がり、冷え固まったマグマにより、表面に地殻ができたことで、地球内部に高温高熱の岩石が包み込まれる形となった。そして大気中にたまっていた大量の水蒸気が一気に雨として降り注ぎ海ができた。こうして地球は約1億年の時をかけて、地球内部の火や熱による活動と、地球を覆う大気圏の水の

働きで形成され、その結果、空と地ができたのである。

　また、月の誕生に関する説に、「地球の誕生から約1億年後に巨大な隕石が衝突した際、地殻表面が飛び出し、それが元となり月ができた（ジャイアント・インパクト説）」というものがあり真実かどうか定かではないが、その後、月の誕生は地球に大きな影響を与えることとなる。様々な環境の要素が影響し合う中で、月の引力による潮の満ち引きが引き金となり、約38億年以上前に海の中で生物が誕生し、さらに太陽の光を利用して無機物から有機物を作り出す光合成を行う植物が生まれたとされる。一方、地上では活発な火山活動が行われた後、次第に環境が整い、生物は海から陸地へと上陸することになる。より多くの光や酸素を吸収できる地上で、まず植物が進化して繁栄し、次に動物の上陸、繁栄と続く。こうして動植物の進化を経て人間が誕生することになるが、その頃には、地上は山、野、川、木々、花などがあふれる自然豊かな環境となっていた。

自然は神なり

　地球の誕生を、物質世界として見ると、自然発生的に起きていると捉えることができるが、想念世界として見ると、スの神さまの計算のもと、神々の想いが表れたものとなっており、それらの自然の姿の中に、神々の働きを見ることができる。そして、それらの自然は『古事記』『日本書紀』に出てくる神々に当てはめることができる。『記紀』では、同じ神を違う名で呼ぶ場合が多い。ここでは『古事記』に出てくる神の名に統一したいと思う。（第10図）

〈国常立神〉＝地の神

　地核、岩石からなる地球内部の姿そのものの神である。高温高熱の膨大なエネルギーを内包し、地表近くでは、岩石が溶けたマグマが対流しており、火山の噴火によって火を生み、地表に流出する溶岩により、海底や陸地など

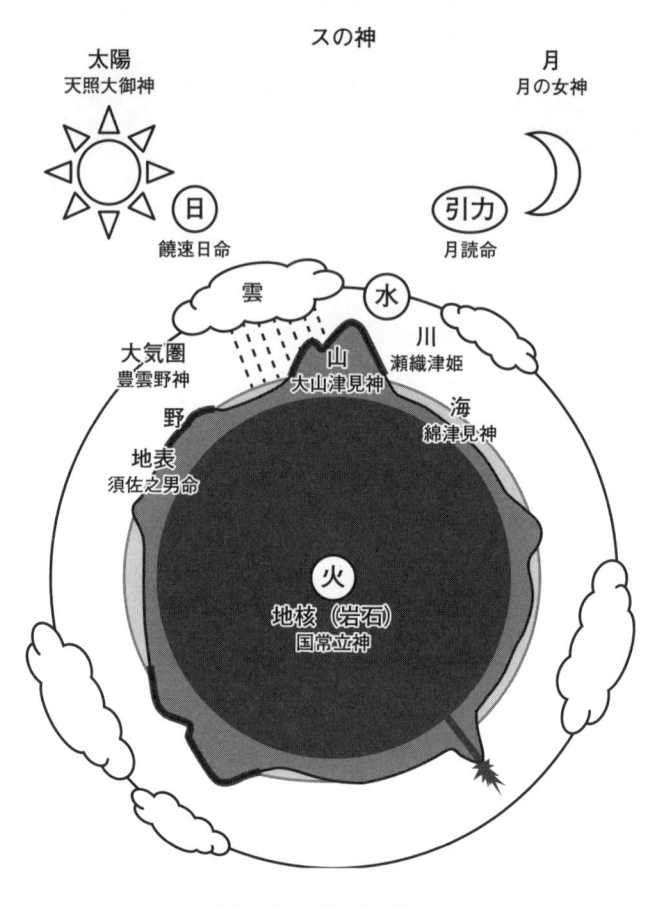

第10図　天地創造神

　の地殻を今なお創り続けている神である。熱と光を発する地球内部のもう一つの太陽、つまり内なる太陽ともいえる。

〈豊雲野神〉＝空の神

　地球の周りを覆っている大気圏であり、水蒸気、雲、雨、海といった水の循環をもたらす女神である。この女神の働きにより生命の源である水が、大気圏内にある空と海と陸とを、気体、固体、液体と姿を変えながら循環して

いる。そして地の神と共に、地球上の自然界の基礎的な部分を司っている。

〈天照大御神〉　＝太陽神

太陽神であり男神である。銀河系の中心となる星であり、宇宙から地球に働きかけている神である。目に見える姿は太陽そのものであり、銀河系という大きなスケールで捉えるレベルの神である。その他の星々をも支配し、バランスを保ち統括している神であり、銀河系の王として太陽神は存在している。そして、そこから目に見えない光と熱を地球上に届け、自然界に多大なる恩恵を与えているのである。

〈饒速日命〉　＝日光の神

太陽の持つ光と熱が地球に届き、地上で自然界に恩恵を与える日光の神であり、人間にとっても身近な神となる。天照大御神の子孫にあたる天孫降臨の神でもあり、太陽の一部分である日光を神格化した神となる。

〈月読命〉　＝月神

月の姿そのものは月の女神であり、月読命は月神の御力を受けて地球上に働きかける神となる。月の引力によって、潮の干満が引き起こされることで、地球表面の7割を占める海水は刻々と変化し、自然界は多大な影響を受けることになる。同じく7割が水である人体も影響を受け、体内において何かしらの変化が起きている。これらのことからも、月と水は密接に関係し合っており、月神は水に働きかける神、誕生や死に関わる生命を司る神といえるのである。

〈須佐之男命〉　＝地球の神

地球の表面を覆う地殻部分にあたる神となる。地殻部分とは、生物が生存可能な自然界であり、我々を取り巻く目に見える世界そのものである。国常立神と豊雲野神が創り出した陸と海の部分、つまり地球の表面を構成している自然界の神であり、地球の表面全体を統治する神となる。

〈大山津見神〉　＝山の神

島や山を総括する神となる。地球を覆っている地殻は、盛り上がった部分が陸となり、活断層帯での火山活動や地殻活動などでさらに高く盛り上がった部分が島や山となっている。宇宙や天空により近い場所にある山は、自然界の中でもより神聖なる場所となっている。この神は島国である日本各地に点在する山々を総括する日本総鎮守の神となる。

〈瀬織津姫〉＝滝、川の神

　山の神と対になる神である。雨という姿で地上に降り落ちた水は、山の上方で滝となり、川となって平野を這い、海へと流れ出る。山と海をつなぐ滝や川の姿がこの女神となる。

〈磐長姫〉＝岩の神

　大山津見神の娘（長女）となる神である。岩石からなる山には、神聖な磐座となる巨石や石が存在している。父なる山が抱く巨石に宿る神がこの女神となる。岩は悠久の時を経て存在しており、長寿を象徴する神ともいえる。

〈木花咲耶姫〉＝木や花の神

　大山津見神の娘（次女）となる。岩石や土からなる山では、空から落ちてくる雨と空から降り注ぐ日光の働きにより、あらゆる木々や花々が育ち地表は覆われる。木々の緑や紅葉、色とりどりの花々などで、父なる山を色鮮やかに飾り付ける女神となる。花の女神は美しい姿をしているが、その命ははかないものであり、姉の磐長姫と対照的な女神となる。

〈綿津見神〉＝海の神

　地表において地殻の低い部分に当たり、地球表面の7割を占めている海の神となる。海は人間が居住不可能な場所、つまり人間の力が及ばない場所であるため、自然界のバランスが保たれ、神々の力が残っている世界といえる。また塩分を含む海水は、地上の汚れを祓い清める力があり、海の神の働きの一つとなっている。

　以上、自然そのものに神の名を当て、自然界を見てきた。いずれも「自然は神なり」なのである。神々の働きにより、日本においては春夏秋冬があり、四季を味わうことができる。日向ぼっこをしているとき、森林浴をしているとき、きれいな花を見たとき、雪が降ったときなど、自然に触れ、感動したり癒されたりすることで、人は心に喜びを感じる。この喜びが神の喜びであり、このときに人は神の喜びや想念を受け取り、神と交流していることになる。

火と水の循環

　地球上の自然に、想念世界に存在する神を当てはめて見てきた。さらに自然界は、空と地、陸と海、山と川といった裏表の関係、陰陽の関係で成り立っており、それは神の計算による美しい法則のもと存在している。陰陽の関係、表裏一体であるからこそ、お互いの欠けを補い、新たな命を生み出すことができる。また地球上の生命は、循環の法則に従って生まれては死ぬことを繰り返し、存続している。

　次に陰陽の関係にある火と水が、自然界を循環することを見ていく。陽である火の循環に関与する神は男神であり、陰である水の循環に関与する神は女神となる。地球内部と地上において、それぞれ火の神々と水の神々の働きを見ることができる。（第11図）

〈火の循環と男神〉

　火（熱）の循環は地球内部の活動になる。国常立神は光輝く岩石という姿で内在しており、高温高熱のエネルギーを持ち、地球内部から強く働きかけながら、地上に変化をもたらしている。地表の下にはマントルという岩石の層があり、その奥に地球の中心部分となる金属の核がある。いずれも人間にとっては未知の世界となっている。この表層部分で起きているマントル熱対流により岩石がゆっくりと移動することで、地球表面では地殻運動が起きて

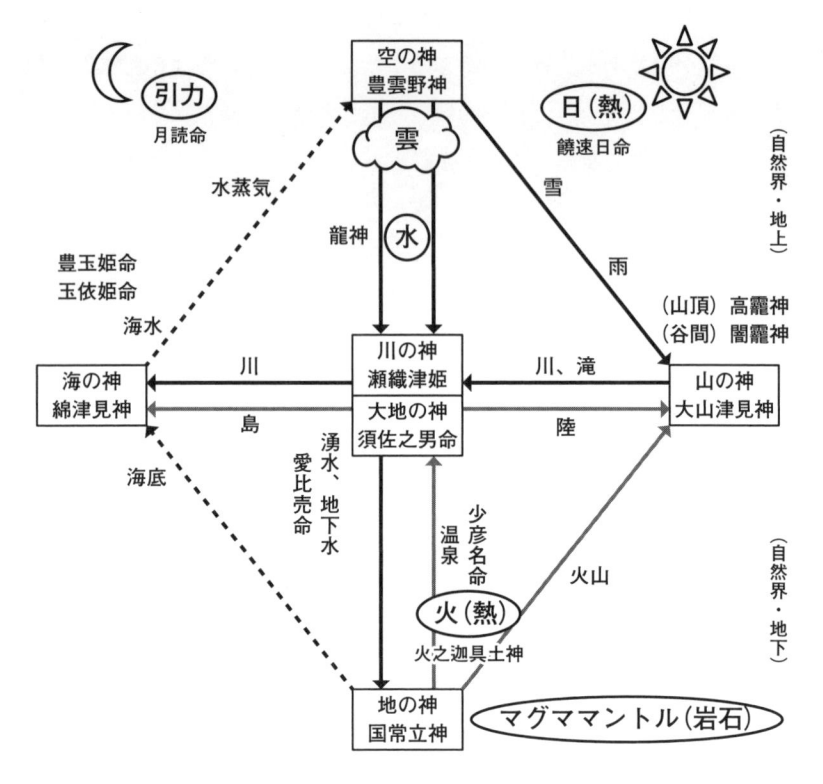

第11図　自然の循環

　いる。この神から生み出される神々は、火之迦具土神（火の神）、大山津見神（火山からできる山）、綿津見神（海底）、須佐之男命（地殻）などになる。

　また、少彦名命（温泉の神）も地熱による恩恵に関わる神となる。火（熱）のエネルギーにより、地下にある水が鉱物を含んだ温泉として湧き出ており、自然の恵となっている。

　以上から地の神である国常立神は、自然界の土台となる大地を創り出す膨大なエネルギーを持つ偉大な神といえる。

〈水の循環と女神〉

　火の循環を司る男神によって造形された地表を覆うように存在する大気圏の中で、水は循環する。海水は日光の熱により水蒸気となって空へ昇り、上空で雲となる。上空で冷やされ氷などの固体となり重くなった水は、雨や雪となり地上に降り注ぎ、大地を潤す。山や谷といった高低差のある地形を通り、滝や川となり、最後は海へと流れ出る。自然界にある海、空、山、陸、川を循環している水をそれぞれの女神たちと照らし合わすと、海水を司る女神＝綿津見神の娘である豊玉姫命と玉依姫命、水蒸気となって空を昇る神＝龍神、雲や雨＝豊雲野神、山頂に降った雨＝高龗神、谷間に降った雨＝闇龗神、滝や川＝瀬織津姫となる。また、地中にしみ込んだ地下水が、地の力を受け湧水となったものを真名井として祀っている神＝愛比売命（一例）といった女神もいる。第11図からもわかるように、地上にある自然界での水の循環は、日光の力や月の引力の影響を強く受けることになる。つまり、饒速日命と月読命の働きが大きく作用していると言えるのである。

　こうして宇宙の法則や自然の摂理に従い、神々と共に自然が創られ、スの神さまの想いは具現化されていった。その後、スの神さまは、神と共に生きる生命体として人類を誕生させるも上手くいかず、人類の滅亡を幾度か繰り返す。そして最後のチャンスとして創った人類が、日本人を祖とする我々である。次に神の国日本が創られる過程を見ていく。

2．日本国土に示された神仕組み

日本国の国生み

　1万5000年ほど前に、巨大隕石がスペイン沖に落ち、古代文明アトランティスを滅亡させ、このときの衝撃波が、地球の反対側の同緯度に伝わり、

琵琶湖の場所の地が飛び出て淡路島になったという説がある。真偽のほどは
わからないが、この説に沿って考えてみると、これは国常立神と豊雲野神の
2神の働きにより、日本国の地が決定づけられた瞬間とみることができる。
地が飛び出しその跡に湧水がたまり湖となったことから、淡路島は国常立神
の分身である伊邪那岐 命、日本最大の真名井である琵琶湖は、豊雲野神の
分身である伊邪那美 命とすることができる。ここで陰陽、男女の関係を象
徴する伊邪那岐と伊邪那美による国生みと関連付けると、2神による国生み
で、最初に創った島が淡路島であることにつながるのではないだろうか。ス
の神さまは前人類の滅亡後、再度人類をこの世に降ろすとき、神の国日本を
創り、その中心を陰陽、男女を表すべき淡路島と琵琶湖としたと考えられる。

　次に、『記紀』に見られる国生み神話と合わせて、日本の国土創成を見て
いく。大陸移動説では、地球内部のマントル対流の力により、長い時間をかけ
けて大陸は移動すると考えられており、そこから大陸の一部が切り離され日
本列島となったとする説がある。古い大陸プレートの下に新しい海洋プレー
トが潜り込む所に海溝ができる。その境目にある断層では火山活動や地震な
どの地殻活動が活発に起こり、岩石がマグマとなり地表に現れ、海底で山や
山脈を造り、後に海面から姿を現し島や陸となる。

　日本神話によると淡路島、四国、隠岐島、九州、壱岐島、対馬、佐渡島と
いう順で国生みが行われる。これらの場所を見ると、淡路島、四国、九州は、
中央構造線上にあることがわかる。中央構造線とは、古い大陸プレートと新
しい海底プレートが接している部分であり、この線上に形を合わせたように
日本列島の南側のラインが造られている。また隠岐島、壱岐島、対馬、佐渡
島は日本海側にある島で、日本列島の北側と大陸の間に位置している。これ
らの島々をつなげると、日本列島の北側のラインと重なることがわかる。つ
まりこれらの島々は、日本列島が大陸から切り離されるポイントとなってい
るのである。そして大陸の一部が分断され、マントル対流の力により離れて

いき、その間に海ができる。こうして長い時を経て日本列島が造られていったことが、国生み神話から読み取ることができる。

日本国の神生み

　伊邪那岐 命と伊邪那美 命は国生みの次に神生みを行った。これは目に見える肉体としての日本国土が創られ、続いて様々な物質（自然）が創られていく過程と共に、それらの自然がもつ目に見えない想念や働きに、神の名が付けられたことを表している。スの神さまの想いを受け、物質が作られるとともに、地の神、空の神、火の神、水の神などの神々が生まれ、さらに山の神、川の神、磐の神、木々の神、食物の神など、神々の力と共に、物質（肉体）と神（想念）がこの地に現れていった。スの神さまの想念から生まれた神々には、スの神さまの想念が息づいており、八百万の神々は、スの神さまの意に従い、その土地に降臨し自然界を守っている。したがって日本各地の神社、パワースポットを調べることで、スの神さまの意を読み解くことができる。宇宙、地球、日本の成り立ちや自然の摂理が、日本の国土上に表されているのである。そして神社の位置や祭神と、『記紀』で伝えられている神話とを照らし合わせることで、日本国土に示された神の仕組みが明らかとなる。（第12図）

　スの神さまをはじめ、光（想念）として宇宙に存在している神々がいる世界を「天界」とし、地球上に肉体を持つ八百万の神々が存在している世界を「神界」とし、また私たち人間が生きている世界を「人間界」とする。スの神さまは、神と人間が共存する平和な星にするために、この天界と神界と人間界をつなぎ、それぞれに神の想いや教えを伝え、神の願いを実現させている。スの神さまは日本を神の国、世界の雛形としてこの世に現し、日本人を天界、神界、人間界のパイプ役となる神人としたのである。

　次に、天界、神界、人間界、神人界エリアの神々を見ていくことで、神生

みによって現れた神々が、物質世界と想念世界においていかなる働きをしているのか、さらにスの神さまはいかなる願いを込めて人類を誕生させ、導いているのかなどを明らかにしていく。

天界エリア（天と空と地）

〈天と空〉天橋立地方

　天の橋立は、天（宇宙）と地（地球）の間に架けられた橋である。天橋立の北側を天とし、橋を渡った南側を地球とすると、北側エリアがこの地に肉体を持たない天津神がいる場所となる。宇宙を司るスの神さまがいる天は、元伊勢籠神社（図中●2）、その奥にある真名井神社（図中●1）を中心とした、京都の天橋立北側エリアに表されている。次に天界エリアの神々を祭神とする神社を見ていく。

・真名井神社（図中●1）

　天界エリアの中心となる真名井神社には、磐から湧き出る聖水と、拝殿裏には木と磐が一つとなった磐座がある。その磐座は神との交信を行うための祭祀場として約2500年前からそのままの形で残されている。ここで祀られている神々は、主祭神の豊受大神、そして天照大御神、日本の国生みの神である伊邪那岐命と伊邪那美命となっているが、北側エリアにいる神々は宇宙にいる想念の神さまであるとすると、本来は違う神ではないかと考えられる。

　まず、磐座前方に建てられた2本の石柱を見ると、向かって右の柱に天之御主神、左の柱に天照大神と刻まれていることから、ここは宇宙にいる天之御中主神（スの神さま）と天照大神（太陽神）とつながることができる地球上で一番のパワースポットであると考えられる。すると、この神社の主祭神を食物の神である豊受大神とすることに違和感を覚える。そこで祭神として考えられるのは、宇宙空間に面している大気圏を統括する空の女神である豊

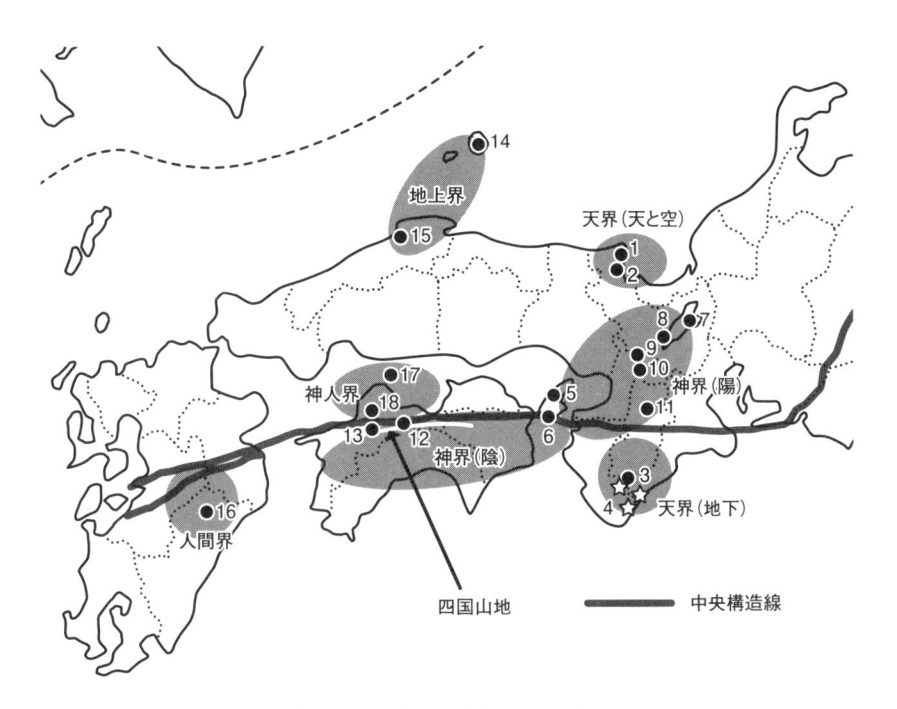

第12図　各界の神々の配置図

<ruby>雲野神<rt>くものかみ</rt></ruby>になる。次にそう考えられる理由を見てみる。

①天の真名井の水の起源としては、

『奥宮真名井原の地で海部家二代目の<ruby>天香語山命<rt>あまかごやま</rt></ruby>が天と地をつなげる「天の真名井の水」を起こし通して、天（あめ）の磐境を起こし、豊受大神をお祀りしたところ、この真名井の地に泉が湧き出て「<ruby>匏<rt>ひさご</rt></ruby>」が生えたので、三代目天村雲命がその水を匏に汲んで、その泉に遷し「神へのお供えの水」とした神秘的で不思議な故事からその水（泉）を「久志備の真名井」と云い、それが訛ったのが「比沼の真名井」である』（HP『丹後一宮　元伊勢籠神社』奥宮真名井神社～比沼の真名井2018年12月時点）[5] と記されている。天と地を結ぶ水とは、まさに天にある雲から雨として地に降り落ちる水

のことになる。また、真名井神社の鳥居には、狛犬ならぬ狛龍が立っている。龍神は空を自由に行き来する水神の姿である。これらのことから、天と地をつなぐ大気圏において水の循環を司る豊雲野神を祀ることが自然に思える。

②次に、空と地が創られたのち、日本国土創成のため天界にいる伊邪那岐命と伊邪那美命の夫婦神は、天と地を結ぶ天橋立から地上を見下ろし、おのころ島を作り、天の御柱を立て、そこに建てた宮殿で、国生み、神生みを行ったという神話と関連付けて考えてみる。伊邪那岐命が陽の働き、伊邪那美命が陰の働きをし、まず陽（男）として淡路島を、次に陰（女）として琵琶湖を現したとすると、天空にいる豊雲野神から、地上に降りた伊邪那美命へと天の水がつながったことになる。このことからも、真名井神社の祭神を豊雲野神とすることが、天と地のつながりを自然な形で表すことになる。

・元伊勢籠神社（図中●2）

主祭神は彦火明命であり、共に祀られている神々の中に豊受大神（食物、穀物の女神）がいる。彦火明命は、饒速日命と類似した神であり、太陽神から頂く日の光と熱のうち、特に熱の働きをする神となる。北側エリアにいることから、天空から地上に向けて働きかけていると考えられる。日光は植物の成長に必要不可欠な要素である。光合成の働きにより植物が繁栄し、さらに豊受大神の働きにより、人間が生きていくのに必要な穀物類が生まれていった。また日光と摩擦熱で、火をおこすという発見により火を利用した調理が発生し人間が摂取できる食物が豊富になった。彦火明命の働きにより、火は光源や熱源、エネルギーとして人間に多くの恵みをもたらした。このことから、日光のエネルギーを取り入れ、地上にて火を生み出すことで、天と地上がつながったといえる。

このように天橋立の北側エリアにある真名井神社と元伊勢籠神社に祀られている神々は、天と空にいる神々であること、そしてそれらの神々が南側エ

リアへ降りていくことで、天から地上へとつながっていくことがわかる。以上のことから天橋立を中心とするエリアは天界（天と空）が表された場所とすることができる。次に、天地創造の神として、豊雲野神と対となる国常立神をはじめとする地球内部の神々を見ていく。地の神々が祀られている天界エリア（地下）は、天界エリア（天と空）をさらに南下した位置に表される。

〈地下〉熊野地方

・玉置神社（図中●3）

　高温高熱というエネルギーを内包する地球内部の神、つまり地の神である国常立神を祭神とする玉置神社がある熊野の地を、天界（地下）とする。ここに地球創造、天地創造の神である国常立神が熊野の大神として鎮座されている。熊野といえば熊野三山を拠点とする熊野古道が有名である。これらの神々の中でも最高位の神を祀る奥の院が玉置神社になり、ご神体である磐座に国常立神が降臨されるのである。

・熊野三社（図中☆4）

　〜熊野本宮大社（本宮）、熊野速玉大社（新宮）、熊野那智大社（那智）〜

　熊野は古代からの自然信仰の地であるにもかかわらず、伊勢神宮や出雲大社ほど脚光を浴びることがなかった。熊野は広大な地域に複数の聖地が拡散しており、また熊野の神々の出自が曖昧であることなどから、熊野信仰は普及しなかったと考えられている。しかし、本来は熊野の神々が、天地創造、日本国土創造に関する神々であり、これまで日の目を見ない闇のお役目をしてきたこと、そして今後明らかになっていくことを見ていく。

　熊野で祀られている神々についての詳細が記載されている「熊野権現垂迹縁起」によると、熊野の神が神武天皇の時代、唐より九州の英彦山、四国石鎚山、淡路の諭鶴羽山を経由して熊野新宮の南にある神倉山に降臨したとある。各山がある九州、四国、淡路を通るルートは、国生みの順番と反対に

なっている。これは、神の国日本が大陸から切り離されてできあがり、日本人が創られた時代の話であることから、このとき国常立神は、神の国日本の守護神となるために、それ以前から存在している大陸から、山々を渡ってやってきたと考えられる。そして、伊邪那岐命と伊邪那美命よりも古く神位の高い国常立神が熊野の地に降臨し、この神の力により地球内部から地のエネルギーの恩恵を日本国土に与えるという役目を担っているのが熊野坐大神となるのである。

　かつては、熊野大社は熊野川・音無川・岩田川の合流点にある「大斎原」と呼ばれる中洲にあったが、明治22年の洪水で多くが流出し、流出を免れた社を移築したものが現在の熊野本宮大社となっている。中州に鎮座していたことから水神とする説もあるが、これについては、次のように考えることができる。

　国常立神、熊野坐大神は、火を生み出す地の神である。地上に降り注ぐ太陽光の光や熱とは違い、膨大なエネルギーを持つ地の神である。火と水は、陰陽の関係、裏表の関係で存在することで、地球上の自然を生み出し、循環している。火を生むときに水が必要であること、火を生む地の神と水の神は陰陽一体でなければならないことから、火と水を一緒に祀ることが必要となる。したがって、水に囲まれた中州に火を生む地の神を祀っていたと考えられる。

　熊野坐大神、国常立神から生まれ出る火の神が火之迦具土神である。神生み神話では、伊邪那美命がこの神を生んだとき火傷を負い命を落とすことになったとある。このことに関連した場所が熊野の地に存在している。それは伊邪那美命と火の神である火之迦具土神とを共に祭神とする産田神社と花窟神社である。この2つの神社は近い場所にあり、一説には伊邪那美命の墓所が産田神社、火之迦具土神の墓所が花窟神社とされている。そして産田神社には、神と交信していたとされる祭祀遺跡があることからも、古代日本人は

ここで、伊邪那美命や火之迦具土神の黄泉がえりを願い、祈りを捧げていたのではないかと思われる。

　次に、熊野の地と関わりが深く、太陽の使いとされる八咫烏について触れておく。地球内部はもう一つの太陽と言われるように、まばゆいほどの光と金属を溶かすほどの熱を内包する場になっている。しかし地下内部なので、地表で生きている人間から見たら未知の世界、見ることができない＝闇の世界となる。この見えないために闇と感じる「内なる太陽」の使いが八咫烏となる。八咫烏は国常立神の使いとして、目に見えない世界において人類を導く役目を担っているのである。

　このように、スの神さまを頂点とし、天、地、水、火といった地球の生命の源となる神々がいる世界が、天界エリアとなっている。天と空と地を統括する天界エリアの神々は想念波動エネルギーが満ちている宇宙から、地球上の自然や神や人間に、想念を通して働きかけているのである。

神界エリア

　天界（天空と地）エリアが、宇宙や地球内部を統括している神々がいる場所とすると、人間が生きている自然界を統括している神々がいる場所は神界エリアとなる。人間の身近な環境を構成する自然神たちである。神界エリア内に配置された神々を知ることで、天界エリアの神々の想念が神界エリアの神々へとつながり、それぞれの働きにより、スの神さまの想いをこの地球上に表していることがわかる。

〈陽の神界エリア〉京都、奈良地方

　大陸から切り離され創られた日本国土上で、伊邪那岐と伊邪那美から生まれた神々の働きにより、神の国日本が創られていく。先述したように、伊邪那岐命が陽の働き、伊邪那美命が陰の働きとなる。そして、天界にいる国常

立神の力から地＝淡路島ができ、陽（男）の働きを表し、豊雲野神の力から水＝琵琶湖ができ、陰（女）の働きを表した。琵琶湖を水源とする淀川は、大阪湾へ流れ出て、淡路島へとつながることから、淀川は、琵琶湖と淡路島を結ぶ神聖なる川であり、さらに各界をつなぐパイプとなる重要な川となる。また、かつて淀川の中州にあった三島江（大阪府高槻市）も、神界において要の場所となる。それは三島江から天野川に沿って南下し内陸へと入っていくと大和地方につながることからもうかがえる。天界（空）と天界（地）の間にあるこれら一帯が陽の神界エリアとなる。

　次に、このエリアに鎮座する神々を見ていく。

・竹生島神社（図中●7）

　最大の真名井である琵琶湖に浮かぶ竹生島に鎮座する神が、水の神さま、龍神になる。天界エリアにいる空の神である豊雲野大神の使いとして、水蒸気の姿で空中に存在し、雲や雪や雨と変化し、龍のごとく天と地を行き来する水の神さまとなる。また市杵島比売命も祭神として祀られている。後で詳しく述べるが、この女神は水の循環に関わり、人の魂の昇華を導く重要な神であり、この琵琶湖に祀られていることに大きな意味がある。そして市杵島比売命は仏教が入ってくることで、弁才天として祀られるようになるなど、時を経て神仏融合などの流れで祭神は変化してきたが、古代より祀られている琵琶湖の大神は、龍神である水の神さまと考えられる。

・貴船神社（図中●8）

　琵琶湖の西側に位置する貴船神社の祭神は、高龗神となる。天界エリアにいる豊雲野大神から、雨粒として生まれ落ちるとき、天により近い山頂に降り立つ水の女神になる。その場所が貴船（気生根）であり、生命にとって大切な水と気のエネルギーが生じる場所になっている。そして山頂に降り立った水の神は、滝や川となり、陸を流れ進む。そして貴船川から鴨川、淀川へとつながっていくのである。この淀川をご神体とする水の女神が、滝や

川の女神である瀬織津姫になる。

・三島鴨神社（三島江）（図中●9）

　この神社の祭神は、大山祇神（大山津見神）と事代主神となっている。日本最古の三島神社であり、かつては淀川の中州である川中島（御島）に祀られていた。『伊予国風土記』逸文によると、「大山津見神は、百済から当地に祀られ、後に伊予国大山祇神社に鎮座した」とある。このことから、山の神は、国常立神と同様、日本国ができるときに大陸から移ってきた神と捉えることができる。淀川に大山津見神が祀られるということは、裏表の関係にある山と川が対となり結びつくことを表している。よって、淀川に浮かぶ川中島（三島江）は、山の神と川の神が結びつく神界における聖地と言えるのである。そしてさらに三島江は神の意図により、瀬戸内海に浮かぶ大三島（神人界エリア）へとつながっていく。

　次に事代主神について見ていく。この神はことばの神さまとなる。「言葉は神と共にあった」と聖書にあるように、神の想念を言葉で表すことで、神さまの思いが具現化されていく。ことばの神さまとは、スの神さまの意向（事）を告げる神さまである事代主神となる。つまり、日本総鎮守というお役目をもつ大山祇神と、言葉の神さまが同じ場所に祀られていることから、日本国は神の言葉で守られていること、言霊の力によって幸せがもたらされる国「言霊の幸ふ国」であることを表しているといえる。

・磐船神社（図中●10）

　この神社は淀川三島江付近へ流れ込む天野川の上流に位置し、祭神は饒速日命となる。正式な神名は、天照国照彦天火明櫛玉饒速日尊であり、この名に表されているように、天照国照（宇宙）→彦火明（天界）→饒速日命（神界）という順で地上に降り立った日光の神となる。天界より天の磐船に乗り、天野川（大阪と奈良の県境に発する1級河川）の上に降臨した。この天野川は天にある天の川がこの世に映し出されたものと思われる。淀川とつ

ながる天野川に日光の神が降臨したということは、瀬織津姫と饒速日命が出会い、水と日光の力が合わさることで、この地に自然界が創られていくことを表している。

また、饒速日命は後に天孫降臨する邇邇芸命（に に ぎのみこと）の兄神になる。共に天照大御神の子孫であり、太陽の御神力を頂くことでこの地上に姿を現すことが可能となる人類の祖を表している。神界エリアにいる兄の饒速日命は、日本人の想念であり、光として存在している。そして日本の故郷ともいえる大和の地へとつながっていくのである。

・大神神社（おおみわ）（図中●11）

こころの神さま、つまりスの神さまの想念を神の国日本に伝える働きをする神さまが、奈良県桜井市にある三輪山（み わ やま）をご神体とする大神神社（おおみわ）の大物主命（おおものぬしのみこと）であり、三輪明神とも呼ばれている神になる。「3」「三」という数字は神を表す数字といわれ、三輪山は太古より神宿る山とされ、縄文、弥生時代から原始信仰の対象となった山であり、大神神社は日本最古の神社の一つとなっている。こころの神さまが鎮座する三輪山が大和地方の中心となる。

大物主命が神話に登場してくる場面は次のようになっている。大国主命（おおくにぬしのみこと）のもとに海の向こうから光り輝きながら現れ、「我は汝の幸魂奇魂（さきみたまくしみたま）なり」と答えたとある。つまり、日本国土そのものがお姿である大国主命のもとに、大物主命がやってきて、日本の魂・和魂（にぎみたま）となったのである。また、大物主命の姿は、想念（魂）であり、まさに日本の心、大和魂といえる。大和地方は、陽の神界エリアの中心である。神の国日本の魂（核）となる場所であり、想念世界における神政治の中心地となる。したがって、大和地方には、古代日本人が神と交信しながら生きていた痕跡があらゆる所に残っているのである。

目に見えない想念世界において、スの神さまのすぐ下にいる神さまは、こころの神さまとことばの神さまになる。スの神さまの想いをこころ（想念）

の神さまが汲み、言葉の神さまが言葉にして告げるのである。これらのことから、神界（陽）エリアにいるこれらの神々を通して、スの神さまがいる天界と神界がつながることがわかる。

・伊弉諾神宮（図中●5）と諭鶴羽神宮（図中●6）

　伊邪那岐命を祭神とする伊弉諾神宮は淡路島の北に位置する。また伊邪那美命を祭神とする諭鶴羽神宮は淡路島の南に位置する。ここで相似形である淡路島と琵琶湖を照合すると、諭鶴羽神社の位置と琵琶湖に浮かぶ竹生島神社の位置がぴったりと合わさることがわかる。このことから、豊雲野神から水の女神へとつながる女神の働きが、さらに淡路島へと続いていることがわかる。また、諭鶴羽山は淡路島最高峰の山であり、熊野坐大神が熊野へ鎮座するとき経由した山であることから、陰の天界とつながる場所といえる。

　ここで、第12図中の太線部分で示している中央構造帯が、陽と陰の境界線となっていることについて触れておく。中央構造帯を境に、北が陽の世界で、南が陰の世界となっているのである。つまり、陽の世界には、先ほど述べた天界（天空）エリアや陽の神界エリアがあり、陰の世界には、天界（地下）エリアやこの後述べる陰の神界エリアがある。同じく、最初の国生みでできた淡路島も、北と南で陽と陰の神界に分かれていることがわかる。

〈陰の神界エリア〉四国地方

　伊邪那岐と伊邪那美の国生みは、淡路島、ついで伊予二名島（四国）と続く。これは陽（男性的働き）を生み、次に陰（女性的働き）を生んだことを表しており、淡路島は男根を、伊予二名島（四国）は命を生み育てる子宮と考えることができる。ここで、陰陽、表裏一体の摂理が表されていることがわかる。子宮を表す伊予二名島全体は、伊邪那美命が統括するエリアであり、ここに表される働きは、女、生死、月、夜、水、無意識といった陰の働きとなる。太陽神とつながる天照大御神や饒速日命が降臨する大和地方を陽の神

界エリアとすると、伊予二名島は月の女神とつながる女神たちが降臨する陰の神界エリアとなり、陰の働きを担う裏大和となるのである。

・石鎚神社（いしづち）（図中●12）

国生みの後行われた神生みで、2番目に生んだとされる石土毘古命（いしつちひこのみこと）は伊予二名島の石鎚山をご神体とする神であり、この神社の祭神となる。西日本最高峰である石鎚山に鎮座する石土毘古命は、石土の神とも、石の霊（いしのち）つまり石の魂の神ともいわれている。

この石鎚山を頂点とし東西に続く四国山地により四国は北と南に分かれており、伊予二名島という名の通り、四国は2つの顔を持っている。その境界線となる四国山地は中央構造帯と並行して連なっており、四国山地の中央に石鎚山、西側に谷上山（たがみさん）、東側に剣山（つるぎさん）が点在している。ここにスの神さまの重要な意図が込められているのである。伊予二名島（四国）が四国山地により北側と南側とに分けられている意味を知ることは、人類にとって大きな進歩となるが、これについては後で詳しく述べる。

・伊豫神社（いよ）（谷上山（たがみさん））（図中●13）

四国山地西側にある谷上山について見ていく。谷上山の麓に位置する伊豫神社の祭神は月読命（つくよみのみこと）、境内社である弥光井神社の祭神は愛比売命（えひめのみこと）となっている。この地には次のような言い伝えがある。昔、谷上山山頂に、夜光井（やこうい）と呼ばれる湧水により涸れることのない小さい池があり、そこに月の女神と愛比売命（えひめのみこと）が降臨したというものである。夜光井は、月の光を映し出す聖なる水であり、月の女神の力をこの地に表す鏡となる聖地であった[5]。

太陽神である天照大神と比べると、月神である月読命を祀る神社の数は圧倒的に少ない。このことは、人間にとって、月の女神が支配する夜は、秘めたる世界、隠された世界であることを表している。自然の摂理や宇宙の真理を知る上で、陽と同様に陰の神界エリアを正しく理解する必要があることから、伊予二名島の神々は今後の神界の動きの中でも、重要な鍵を握っている

といえるのである。

地上界エリア

　次に、地上界エリアを見ていく。国生みで3番目に創られた隠岐の島を起点とし、日本国土神を祀る出雲大社を含むエリアであり、出雲神話の舞台となっている。スの神さまは、宇宙の中に地球を創り、地表に海と陸を創り、それらを肉体とする地球神の姿として隠岐の島を現し、さらに海を渡った出雲地方を神の国日本国の姿として現した。ここで陽の神界を統括する太陽神、陰の神界を統括する月の女神、そして地球（陸と海）を統括する地球神の3神が揃う。また地上界エリアの神々は、地上に肉体を持つ国津神となる。

・水若酢神社～隠岐の島（図中●14）

　この神社は隠岐国一宮であり、祭神は水若酢命とされている。また隠岐の島全体には、150もの神社があり、古代からの神々が鎮座する神の島であるにもかかわらず、由緒に関する古文書のほとんどが中世期に兵火等で失われているため、この神社の創建や祭神について詳しく知ることができない。そこで、独自の考察を進めていく。

　先の章で述べたように、隠岐の島は国生みで3番目にできた島であり、日本列島を創る上で大陸から切り離すポイント地点となった島である。その隠岐の島は住民が住んでいる4つの大きな島と、他の約180の小島からなる諸島である。このことから、大陸と切り離される最初のポイントとなった隠岐の島は、世界中の大陸や島々からなる国々を示しており、地球（陸と海）の姿として、この地に表されたものといえる。つまり陸と海を統治する地球神である須佐之男命が鎮座する場所となるのである。

・出雲大社（図中●15）

　祭神は、日本の国創りを行った日本国土をご神体とする大国主命である。そして出雲大社で一番のパワースポットと言われる場所が、本殿北側にある、

須佐之男命を祭神とする素鵞社となっている。日本の神さまである大国主命のすぐそばに、父であり地球の神さまである須佐之男命が鎮座しているのである。昔、須佐之男命が出雲大社の祭神とされている時代もあったこと、また素鵞社に稲佐の浜の砂を供えて、その社の砂を取り持ち帰ると、清めのお守りになると伝われ地元の人々から篤く信仰されていることなどから、須佐之男命と大国主命が深く関係していることがうかがえる。須佐之男命（地球神）のご神力は、隠岐島から海を介して稲佐の浜へつながり、神力が宿った浜の砂が、素鵞の社の砂へと続き、大国主命（日本国土神）へとつながっていることがわかる。出雲大社の祭神である大国主命は日本国土そのものがご神体であり、須佐之男命と共に、出雲の地に祀られているのである。

次に、出雲神話の一つである因幡の白兎の話を見てみる。白兎は、美しい姫君に会うため、和邇（海の怪物）を欺き、隠岐の島から海を越え因幡へ渡ったが、怒った和邇に毛皮をはぎ取られて泣いているところを大国主命に助けられる。そして、この白兎の計らいで、大国主命はたくさんの兄弟神である八十神たちの中から選ばれ八上比売神と結ばれるという話である。

この神話に込められた神の意図は、「地球を治める国は日本国である」ということになる。つまり大国主命（日本国）が大国主命の兄神（世界の国々）の中から、選ばれることがここに示されている。また、白兎が月神の化身として、地球と日本の縁を取り持ったとすると、ここで、神の国日本は月の力を得ることで、世界全体を統治するということが示唆されていると考えることができる。このように地上界エリアの神々は、世界の雛形である神の国日本を創り、地球統治を目指し働きかけているのである。

人間界エリア

スの神さまは、前人類の滅亡後、地球再建を図り、八百万の神々と共に創り出した自然豊かな美しい地球上に、再度人類を誕生させるのである。スの

神さまは人間をこの世に誕生させるとき、神の姿に似せた肉体と神の魂を分け与え、この美しい地球を治めるという任務を与えた。この人類の祖である神さまが邇邇芸命であり、陽の神界エリアを治める饒速日命の弟神にあたり、兄弟共に天孫降臨の神になる。邇邇芸命は葦原中国（地上界）を統治するため高天原から地上に降りた神とされる。こうしてスの神さまは、大国主命を中心とする神々が創った日本国土を人間に譲ること（国譲り）を、考えるのである。

　邇邇芸命の正式な神名は天邇岐志国邇岐志天津日高日子番能邇邇芸命となる。この字は人類の祖である日本人についての説明と考えられる。「天津」神であること、「日子」とあることから太陽の子孫であることと、また「能」や「芸」という字が入っていることから、人間は、各自に与えられる才能や芸を用いて神さまの意に乗り生きるべしという神さまの想いが込められていると考えられる。そして、邇邇芸命が天孫降臨した場所が、日向神話の舞台となる高千穂（宮崎県）であり、ここが人間界エリアとなる。

・高千穂神社（図中●16）

　祭神は高千穂皇神となる。これは皇祖神とその配偶神（天津彦火瓊瓊杵尊と木花開耶姫命、彦火火出見尊と豊玉姫命、彦波瀲武鸕鷀草葺不合尊と玉依姫命）の総称となっている。日向神話で活躍するこれら3人の皇祖神を見ると、人間と自然神が結ばれ融け合うことで、スの神さまが望む、自然と共に生きる本来の人間となる過程を見ることができる。

　伊邪那岐・伊邪那美の国生みで隠岐島の次に生まれたのが九州になる。神の国である日本国土ができたのち、神の子である人類（日本人）を創るとき、九州の高千穂の地に人類の祖を天界より降臨させたのである。高千穂は九州山地にあり、中央構造帯の南側に位置している。したがって人間は初め、陰の世界に創られたということになる。

　次に、神々が住む天界から一番遠い場所にある人間界エリアにて、自然神

と融合しながら人間ができていく過程を見ていく。まず1代目の邇邇芸命は、山の神である大山祇神の娘、木花咲耶姫との結婚によって山の支配権を得る。人間は土と水からできており、山や植物と近いためスムーズに結ばれることができた。また、大山祇神は姉の磐長姫も木花咲耶姫と一緒に結婚させるつもりであったが、邇邇芸命は、醜い姉の方を断ったため、長い寿命をもたらす磐長姫の神力を人類は頂くことができず、短い寿命となった。そして木花咲耶姫は3人の子を産む。

　2代目にあたる火遠理命、別名山幸彦は、綿津見大神（海神）の娘である豊玉姫命と結婚し、3代目にあたる鵜葺草葺不合命が産まれる。しかし和邇（海の怪物）の姿である豊玉姫命と一緒に生活することはできず、妹の玉依姫命が世話をし、そののち玉依姫と鵜葺草葺不合命は結婚する。ここで人間は海の支配権を得たこと、海の恵みを頂き、結ばれ融け合うことができたことになる。そして玉依姫が生んだ子どもが、神倭伊波礼毘古、後の神武天皇であり、自然と結ばれ融け合った人間神となるのである。こうして人間界エリアにて、山と海と溶け合うことができた神武天皇（日本の初代天皇）は、天と地と海の支配者としての資格を持つ天つ神の子として、大支配者となった。また、人間神と自然神との最後の結びに関わった玉依姫こそが、竜宮の乙姫さまであり、自分と異質の神を受け入れる働きをもつ巫女的神になる。こうして自然と融合し自然界で共存できる現人神（この世に人間の姿で現れた神）となった日本国民の祖である神武天皇は、さらに神界天界にいる神々と共に生きることができる本来の人間となるために、人間界エリアを出発し、陽の神界である大和を目指して旅をする。その旅が神武東征の神話となっているのである。

神人界エリア

　人間界エリアを出発し、神界を目指す人類は、神と共に生きる神人となら

なければいけない。神界に入ることができる人間になるために必要な神々が配置されている場所が神人界エリアとなる。人間界と神界（陽と陰）を結びつないでいる瀬戸内海の中央には、日本総鎮守のお役目をもつ大山祇神（山の神）が鎮座する大三島がある。この大三島を中心とする瀬戸内海と、伊予二名島の北側にある伊予国が神人界エリアとなる。

・大山祇神社（図中●17）

　先に述べたように、陽の神界にある淀川の三嶋江（かつての川中島）は、表裏一体である山の神と川の神が結びつく聖地である。また大山祇神社の創建について、『伊予国風土記』の逸文に、「大山祇神は百済から渡来して津の国（摂津国）の御嶋に鎮座、のちに伊予国に勧請されたとする」とあることから、大陸からやってきた山の神は三島江から大三島へ遷ったことになる。つまり対となる山と川の働きが、肉体を持ち、この地に現された場所が瀬戸内海に浮かぶ大三島となる。

　次にここが、自然界の神々の縮図となっていることを見ていく。山と川の神の働きにより、岩石を土台とする山は、木々や草花で覆われた緑豊かな自然界となる。岩や木々が生まれると共に、磐の神さまである磐長姫と木々や花の神さまである木花咲耶姫が生まれる。この女神たちは、大山祇神を父とする娘たちである。また、瀬戸内海に浮かぶ大三島の周囲はもちろん海である。ここに陸と海という表裏一体の関係を見ることができる。海は人間の力が及ばない領域であり、塩を含む海水が清めの力となり、島を守っている。つまり山津見神（山の神）は綿津見神（海の神）の力を得ながら自然界を守っているのである。また綿津見神のご神体は瀬戸内海そのものであり、日本の海の総鎮守という役目を担っている。そして綿津見神の娘である豊玉姫命と玉依姫命は、人類の祖が自然と共存できる人間になることを目指す上で、重要な役割を果たす海の女神となっている。

　このように、大三島には、山、滝、神木、磐座など、古代日本人の信仰の

対象となった自然神が揃っている。そして山と海の神が結ばれている瀬戸内海は、人間界、地上界、陰の神界、陽の神界へと続く、人類が神人を目指す旅の舞台となる。月の女神が降臨する谷上山がある伊予国も、重要な鍵を握る場所となっており神人界エリアに含まれている。

　スの神さまは、天界（空と地）、神界（陽と陰）、地上界、人間界、神人界と、神の願いを込めて、宇宙、地球、日本を創り、その仕組みを日本国土に表した。各界エリアの神スポットの関係性は美しく、人智が及ばない神秘的な神業となっている。スの神さまが用意した神の設計図をもとに、神さまの意に適う本来のあるべき姿となり、地球を神の国にすることが、人類に与えられた課題なのである。

第7章　神話にみる岩戸閉め

　　　これまで見てきたように、神の国日本は、スの神さまの意により、神々が配置され結界が張られ守られているにもかかわらず、本来の日本人の魂はほとんど残っておらず、地球もろとも瀕死の状態である。どうやら我々人類は、神を封印し、神から離れ、神を冒瀆する歴史を歩んでいるようである。その歴史は『日月神示下巻』〜碧玉の巻〜第十帖（岡本天明　著　中矢伸一　校訂／ヒカルランド）に書かれている5つの岩戸閉めの中に見ることができる。岩戸閉めは人類にとって必要なものであり、スの神さまの予定通りでもあるが、5つの岩戸閉めによる誤りを知り、真の岩戸開きを行うことで、地球は真の進化を遂げることになる。そして、神と人間によって閉められた岩戸を開くために、現在進行形で尽力している神々の働きがある。この章では、『記紀』を代表とする神話をもとに5つの岩戸閉めについて明らかにし、各エリア内の神々と照らし合わせながら、日本人の歩んできた道、そして歩むべき道を見ていく。

1．5つの岩戸閉め

① 伊邪那岐・伊邪那美神話

　伊邪那岐と伊邪那美の夫婦神は、国生みと神生みを行い、森羅万象の自然と神々を生んだ。そして伊邪那美命は火の神（火之迦具土神）を生んだとき陰部に火傷を負い病に臥せ、のちに亡くなる。黄泉国（死者の国）にいる伊邪那美命に逢いに行った伊邪那岐命は、腐敗した姿を見られ怒り狂う妻の姿を恐れ、逃げるや追いかけるやの末、黄泉比良坂で、黄泉国と葦原中国（地上界）をつなぐ道を、大岩でふさいだ結果、夫婦神は離縁するのである。

　これが1つ目の岩戸閉めとなる。『日月神示』では、次のように書かれている。

「夫神、妻神、別れ別れになったから、一方的となったから、岩戸がしめられたのである道理、判るであろうがな。その後、独り神となられた夫神が三神をはじめ、色々なものをお生みになったのであるが、それが一方的であることは申す迄もないことであろう、妻神も同様、黄泉大神となられて、黄泉国の総てを生み育て給ふたのであるぞ、この夫婦神が、時めぐり来て、千引の岩戸をひらかれて相抱き給う時節来たのであるぞ、うれしうれしの時代となって来たのであるぞ」

　1つ目の岩戸閉めにより、陰陽、表裏一体という自然の摂理が機能しなくなったことで、神々や人類に与えた影響を見ていく。

○男女の欠け…陰陽揃って初めて完全なるものを生むことができるので、半分の力で生んだものは、不完全なものとなる。神界において、その後完全なものを生むことができず、人間界においても、男尊女卑、男女不平等などの優劣の関係性が生じて、互いの欠けを補い合いながら共に生きることができなくなっている。

○水の神さまの封印…伊邪那美命は火之迦具土神を生む際、陰部に火傷を負ったことが致命傷となったが、それを正しく理解することができなかった伊邪那岐命は、火の神を殺し、黄泉国にいる伊邪那美命との夫婦の縁を絶つというスの神さまへの冒瀆という罪を犯してしまう。地の神である国常立神から生まれる火の神は、空の神である豊雲野神から生まれる水の神と共に生む必要があったのである。したがって、その後それぞれの神が単神で生んだ火の神や水の神は、陰陽の関係が成立せず、不完全な神となっている。伊邪那岐命が火の神を殺したことにより、豊雲野神とつながる真の水の女神も同じく、消されることになる。

○死を忌み嫌う…黄泉国（死者の国）を統治する役目を与えられた伊邪那美命は、本来は伊邪那岐命の協力を得ながら黄泉国の統治を進めて

いかなければならなかったが、黄泉国と葦原中国との断絶により、陰の神界と陽の神界の間で、表裏一体の関係が成立することが不可能となった。そのため、黄泉国に存在する想念（魂）は認められず、人々は、死を恐れ忌み嫌い、日常から遠ざけるようになった。実際は現実の世界と死後の世界は同じ延長線上にあり共存しているにもかかわらず、目に見える世界（物質世界）と目に見えない世界（想念世界）の間には大きな壁がある。

② 天照大御神の岩戸隠れ

　天岩戸隠れの神話について見てみる。『記紀』によると、伊邪那岐命が単神で生んだ三貴神については、「黄泉国から帰った伊邪那岐命は、黄泉国の穢れを落とすために禊を行うと様々な神が生まれ、最後に左眼から天照大御神、右眼から月読命、鼻から須佐之男命の三貴神が生まれた。そして伊邪那岐命は三貴神にそれぞれ高天原、夜、海原の統治を委任した」とある。また、天岩戸隠れ神話では次のようになっている。海原を統治する＝地球を統治する任務を伊邪那岐命から与えられた須佐之男命は、それを断り、母のいる黄泉国へと続く根の国に行きたいと願ったことで怒りを買い、追放されてしまう。須佐之男命は、根の国に向かう前に、高天原（天界）にいる姉の天照大御神に別れの挨拶をするために会いに行くが、そこで粗暴を働いたことで、天照大御神は天岩戸に隠れてしまい、この世は闇となってしまう。その後、岩戸は開き、女神である天照大御神が姿を現したことで、この世に光が戻るという話である。この神話において、岩戸から出てきた天照大御神を女神としたことは、男神である太陽神を女にしたことになり、これは、宇宙の法則に反することから、これが2つ目の岩戸閉めとなる。
『日月神示』では、次のように書かれている。
「次の岩戸しめは天照大神の時ぞ、大神はまだ岩戸の中にましますのぞ、ダ

マシタ岩戸からはダマシタ神がお出ましぞと知らせてあろう。いよいよと
なってマコトの天照大神、天照皇大神、日の大神、揃ふてお出まし近うなっ
て来たぞ」

　ここで『日月神示』に書かれている「マコトの天照大神（あまてらすおおかみ）」「天照皇大神（あまてらすすめおおかみ）」「日の大神」について考えてみる。先の章で、天照大御神は銀河系を支
配する太陽神そのものであり男神であると述べた。地球の約109倍の大きさ
を持ち、地球と月までの距離の400倍も遠いところにある太陽は、途方もな
い大きさである。絶大なる力を持ち、地球を含む銀河系の星々を支配してい
る太陽神が「マコトの天照大神」となる。

　そして天照皇大神とは、皇室の祖神であり、日本国民の総氏神として全国
で祀られている天照大御神＝女神のことで、伊勢神宮の祭神になっている。
この2神が区別されず、わが国では天照皇大神（女神）が天照大御神（太陽
神）として崇（あが）められている。つまり「ダマシタ岩戸」から出てきた「ダマシ
タ神」とは天照皇大神（女神）のことになる。つまり女神の存在に隠されて
しまった「マコトの天照大神」は、まだ岩戸の中にいるということになるの
である。

　次に、伊勢神宮の祭神である天照皇大神について見てみる。神の分け御霊（みたま）
を持つ日本人は、かつて神と交信し神の想いや知恵を授かり神と共に生きる
ことができていた。なぜなら偉大なる太陽神の神託を受ける巫女的な役目を
持つ神が日本国には存在していたからである。つまりこの女神が天照皇大神
なのである。そして今なお、日本には天照大神の子孫である天照皇大神を祖
神とする皇室が存続している。しかし『記紀』に書かれているように、岩戸
から出てきた天照皇大神（女神）を太陽神そのものとした結果、マコトの天
照大神の存在は封印され、地球上にマコトの光が届かなくなったのである。

　また、日の神とは、饒速日命（にぎはやひのみこと）という男神であり、先の章で述べたように
弟の邇邇芸命（ににぎのみこと）と同様、天孫降臨した神になる。共に天照大御神の子孫であ

り、太陽の御神力を頂くことでこの地上に姿を現すことが可能となる人類の祖神を表している。

　以上、太陽神に関わる神々をそれぞれ天祖、皇祖、人祖とし、その神位、御神徳、御役目の違いを知り区別することで、宇宙の真理や自然の摂理を正しく理解することができる。そう考えると、伊邪那岐命が生んだ天照大御神は、すでに宇宙に存在していた男神天照大神ではなく、巫女的な働きをして地球に神託を降ろす天照皇大神ということになる。

　次に、偽りの岩戸開きにより、今なお「マコトの天照大神」が岩戸に隠れていることで、地球に与えている影響を見てみる。

　○天津神と国津神の断絶…高天原にいる天津神を封印してしまったことで、太陽神の想念を受け取ることができなくなった。つまり高天原＝天界＝宇宙にいる神々と交信することができず、地球に降ろされた国津神たちは真の神の道を見失い、神の光の届かない暗闇の中で生きていくことになる。

　○月の神さまが消える…天照大御神が天の岩戸に身を隠したことは、太陽の光が神界において消えたことを意味する。それと同時に、太陽の光を借りて光ることができる月も神界において消えたことになり、月の女神は、表に出ることができず身を隠すことになった。つまり、天照大御神（男神）と月の神（女神）という陰陽の関係が成立していないことになる。

③　須佐之男命の追放

　地球を統治する須佐之男命が登場する神話に「天照大御神と須佐之男命の誓約（うけひ）」と「八岐大蛇（やまたのおろち）」がある。まず「天照大御神との誓約」について見てみる。須佐之男命は、父伊邪那岐命から海原の統治を任されたにもかかわらず、母伊邪那美命に会いたいと泣き続けていた。陰陽の関係が成立していない中で生まれた須佐之男命（地球神）は、母伊邪那美の存在を求めたのであろう。そして天照大御神（女神である天照皇大神）との間で誓約を行い、互いに力

を得ながら、女神3神と男神5神を生んだことで、身の潔白を証明することはできたが、母伊邪那美命がいないという母性の欠如により、須佐之男命の神格は幼いものになっている。したがって地球統治を行うには未熟である須佐之男命は、高天原に戻ることは許されず、地上界にて精進し神格を磨いていくという使命を与えられることになる。

　次に「八岐大蛇」の神話について見ていく。高天原から追放され、母である伊邪那美命がいる黄泉国に向かう途中で、出雲の地を荒らしていた八岐大蛇から奇稲田姫（櫛名田比売）を助ける。そして退治した八岐大蛇の尾から出てきた草那芸之太刀（三種の神器の一つ）を天照大御神に献上する。その後、奇稲田姫と結婚し、一緒に根の国に留まり、2神が生んだ神が後に日本国を創る大国主命となったという話になる。奇稲田姫は、その名の通り稲作の神、田の神さまである。洪水や干ばつといった水がもつ負の働きを八岐大蛇（水を司る龍神）と捉えると、須佐之男命が退治したことで、稲の豊作をもたらすことになったと考えることができる。そして須佐之男命と奇稲田姫との力により、大地と水と稲が結びつき、米を主食とする日本国が創られることへとつながる。

　また、その後根の国に留まることについては、次のように考えることができる。須佐之男命が手に入れた神宝は三種の神器の中の剣になる。先の章で、陰の神界エリアである伊予二名島（四国）は、四国山地によって根の国と黄泉国の2つに分けられていると述べた。その四国山地の東に位置している剣山の磐座が、須佐之男命の剣になる。つまり須佐之男命は根の国にある剣山に鎮座していると考えることができるのである。しかし、先の章では、須佐之男命は地球全体を統括する神であり、隠岐島に降臨すると述べている。このことは、本来の場所に鎮座されていない須佐之男命は、まだ任務を果たしていないということになるのである。

　『日月神示』では、3つ目の岩戸閉めについて次のように書かれている。

「次の岩戸しめは須佐之男命に総ての罪をきせてネの国に追ひやった時であるぞ、須佐之男命は天下（あめがした）を治しめす御役（おんやく）の神であるぞ。天ヶ下（あめがした）は重きもののつもりて固まりたものであるからツミと見へるのであって、よろづの天の神々が積もる（と言ふ）ツミ（積）をよく理解せずして罪神と誤って了ったので、これが正しく岩戸しめであったぞ、命（みこと）をアラブル神なりと申して伝へてゐるなれど、アラブル神とは粗暴な神ではないぞ、あばれ廻り、こわし廻る神ではないぞ、アラフル（現生る）神であるぞ、天ヶ下、大国土を守り育て給う神であるぞ、取違ひしてゐて申しわけあるまいがな。このことよく理解出来ねば、今度の大峠は越せんぞ。絶対の御力を発揮し給ふ、ナギ、ナミ両神が、天ヶ下を治らす御役目を命じられてお生みなされた尊き御神であるぞ」

　上記のように、地球を統治するため、大きな任務を与えられ、またそれを可能にする神徳を持っている須佐之男命を、悪神として根の国に追いやったことが3つ目の岩戸閉めとなる。

④ 不完全な神武東征

　第6章で述べた通り、高千穂（宮崎県）の地に天孫降臨した邇邇芸 命（ににぎのみこと）は、人間界エリアにおいて、自然と溶け合う人間神となるという任務を果たし、その結果、現人神（あらひとがみ）である神倭 伊波礼毘古（かむやまといわれひこ）が誕生した。人間界エリアにある高千穂の地で誕生した邇邇芸命の子孫である神倭伊波礼毘古は、初代天皇である神武天皇になる。

　次に神倭伊波礼毘古の神武東征という神話を見てみる。この神話は、天と地と海の支配者としての資格を持った天つ神の子として、大支配者となった神倭伊波礼毘古は、葦原中国平定のため日向国を出発して大和を征服するという話である。

　船軍は日向を出発し、筑紫国、安芸国、吉備国を次々に支配していく。山

陽側を通り、浪速国に入ったところで、「日の神の御子であるから日に向かって戦うのはよくない」という理由で、南の方へ回り込み、紀伊国の熊野地方から北に向かい戦いを進め、最終地点である大和（神界）に到着することができた。そして大和の地を治めていた兄の饒速日命は、神倭伊波礼毘古に帰順することになり、神倭伊波礼毘古は神武天皇として即位したのである。

　この神武東征の神話は、人間界から神界を目指し、神と人が共に生きていく神人となるまでの人類完成の旅になる。神武東征に託された真の神の意図は、人類の祖神が、神界に向けて人間界を出発し、神と人が共存する葦原中国（地上界）を完成させることであった。そのためには、人間が本来あるがままの人間、神さまと共に生きる神人となり、地球全体を治め平和な世界にすることが必要であった。天界にいるスの神さまは、饒速日命に神界の統治、邇邇芸命に人間界の統治という役目を与え、兄弟神が協力し葦原中国を統治するという使命を与えているのである。

　しかし、実際に行われた神武東征は、目に見える地上界側の山陽ルートのみ通って神界に向かっており、陰の神界の存在を知ることなく進んでいる。日向国（人間界）から大和国（神界）へと向かう真の道は、神人界エリアである瀬戸内海を通り、根の国と黄泉国のある陰の神界も支配しながら、陽の神界エリアに向かい神界を統治することだったが、この時代、人類は正しい道をまだ知ることができなかった。

『日月神示』では、神武東征について次のように書かれている。

「神武天皇の岩戸しめは、御自ら人皇を名乗り給ふより他に道なき迄の御働きをなされたからであるぞ。神の世から人の世への移り変りの事柄を、一応、岩戸にかくして神倭伊波礼毘古として、人皇として立たれたのであるから、大きな岩戸しめの一つであるぞ」

　ここで言う、岩戸にかくした神の世から人の世への移り変わりの事柄とは、

先述した、「高千穂（宮崎県）の地に天孫降臨した邇邇芸命は、人間界エリアにおいて、自然と融け合う現人神になるという任務を果たし、その結果、神人である神倭伊波礼毘古＝神武天皇（初代天皇）が誕生した」ということになる。限りなく神と融合を果たすことができた神武天皇は、日本人（神の子）としてこの地に姿を現した。しかし、現人神でもある神武天皇を、神としてではなく人皇としたことは、神への冒瀆であり、これが4つ目の岩戸閉めになる。

⑤ 仏教の渡来

　仏教は6世紀半ばに、継体天皇没後から欽明天皇の時代に百済の聖王により伝えられたとされる。それ以降、古代日本人が信仰していた神々は仏に置き換えられていくのである。これが5つ目の岩戸閉めとなる。

　『日月神示』では、次のように書かれている。

　「仏教の渡来までは、わずかながらもマコトの神道の光がさしてゐたのであるなれど、仏教と共に仏魔わたり来て完全に岩戸がしめられて、クラヤミの世となったのであるぞ、その後はもう乱れほうだい、やりほうだいの世となったのであるぞ、これが五度目の大きな岩戸しめであるぞ」

　まず、「わずかながらもさしていたマコトの神道の光」について、仏教伝来以前の倭国で考えてみる。

〈卑弥呼の神政治〉

　日本人は神の姿に似せて創った人類の祖にあたる人民である。神の分御霊を賜る、神に最も近い民である。古代日本人は心清く、神を崇め神と交信しながら、自然と共に生き、大いなる和、つまり大和の精神で平和に暮らしていた。しかし、この平和な時代は時の流れと共に変わっていく。縄文時代から弥生時代へと変わったときがターニングポイントになる。他国から稲作が伝わり、狩猟生活から稲作農耕生活へと変化した。生活や思想において異文

化の影響を受けることになり、それまでの神人共に生きる日本人の生き方が揺らぐこととなった。

　稲作文化への移行と共に、穀類の収穫が増え貯蔵されるようになり、集落ができ共同体へと発展し、人々は安定した生活を得ることができた。その一方で、富を得たいという所有欲をもち、力関係による権力争いが起きるようにもなった。この時代の価値観の転換が、現代人の価値観ともなる物欲、支配欲、権威主義の始まりとなっている。

　こうして、古代神道に則り神人共に生きていた日本人の生活スタイルや信仰するものが変化していった。弥生時代（2〜3世紀）の日本は倭国と呼ばれ、列島各地は約30の国に分かれそれぞれの国王が治めており、国土全体で長期間にわたる騒乱が起きていた。そのような中、卑弥呼という女子を王に共立することで混乱が治まったとされている。つまり巫女であった卑弥呼が神託を行い、彼女の弟が補佐をして倭国全体を治めたのである。

　この時代の日本国に救いの手を差し伸べたのはスの神さまである。元伊勢籠神社にある海部氏の持つ系図に記載されている宇那比姫が卑弥呼ではないかと言われている[6]。このことから、天界エリアにいる天津神の子孫である卑弥呼に神のお告げがあり、神界エリアの中心地である三輪山の麓において、邪馬台国を作らせ、倭国（日本国）が平和に治まるよう導いたと考えられる。神人共に生きる古代神道に則った政治を行ったのが卑弥呼の神政治になる。神の意に乗った政治こそが、地球全体を平和に導くことができる唯一の真の政治なのである。

　また、卑弥呼の邪馬台国から大和朝廷が発足するまでの150年間は、謎の4世紀と呼ばれていることについて考えてみる。邪馬台国から大和朝廷への政権交代は、古代日本人が守り続けてきた古代神道の終わりを告げている。卑弥呼の神政治が終わったときから、日本人は神の声を聞くことをやめ、人間中心の政治を行うという神への冒瀆の時代へと入っていくのである。そし

て、謎の4世紀と言われるこの間に、その罪に気づき、神を怖れ、神の怒りを鎮めるため、巨大な古墳が各地で作られたと考えられる。しかし、その後大陸より仏教が伝来し広がっていくと共に、徐々に真の神道の教えは消えていくことになる。

〈神が仏になる〉

先の章でも触れているが、神が仏に変えられていく様子がわかる文献について見てみる。伊予国（愛媛県）の伊予市にある谷上山の山頂には湧水でできた小さい池があり、夜光井と呼ばれていた。そこに月の女神と伊予国の国霊神である愛比売命が降臨したという言い伝えがあった。「大昔、愛比売命がこの井のほとりにお生まれあそばされた。五穀豊穣を守られる神であったので、祠を建て祀る。その祠を田神さんととなへる」そして聖徳太子が道後に来たとき、この話を聞き、谷上山山頂に小さい寺を建てたものが、宝寿寺の起こりとされている。現在山頂の少し下の山の中に宝珠寺という古寺（674年創建）がある[7]。このように、仏教伝来と共に、もともと神さまが祀られている場所を寺に変えていく事業が国全体で行われたのである。

〈神界と霊界〉

天界と陽の神界エリア内に、奈良や京都は含まれている。この地方は仏教文化の中心地でもある。ここで、仏教とは何かを考えてみる。はるか太古より神さま（＝自然）は存在し続けており、私たちが生きているこの世界は神界（＝自然界）といえる。しかし人類は我欲の目覚め、文明の発達と共に、心が汚れ、目に見えないものを信じられなくなり、神界（自然界）から人の魂は離れていった。このことを懸念された神さまは人間に真理を伝えるために、世界各地にキリスト教、イスラム教、仏教……といったそれぞれの地に必要な宗教をつくったのである。日本国でも人間界と神界の間にある霊界において、悟りを得るための仏教の教えが浸透していった。

ブッダは、修行を積み、煩悩地獄から解脱し、美しい心を手に入れること

で悟りを得て、仏になるための方法を伝えている。また、仏さまご先祖さまを大切にすること、つまり自分に近い霊人の存在を意識して生きることを教えている。人間は自分に近いものほど意識しやすい。神さま（自然）とご先祖さま（霊人）は同じように目に見えない魂をもっているけれど、神さまと自分の死んだ親とどちらをより近くに感じたり信じたりすることができるか？　その答えは明瞭である。したがって、仏教の教えは神道に比べ、より生活に密着した形で、世の中に浸透していった。

　各地域にある寺には住職がいて、その家族が住む住居と一体となっている寺も多く、日常生活に入り込んでいる。その一方で、人間界からより遠い神界にいる神さまについては、神仏習合の流れに乗り、数人の神さまを一緒に一つの神社にまとめ祀るようになり、神社の数は整理され減少し、今では、すっかり人間にとって都合の良い便利屋となっている。人間は身魂磨きをして、親やご先祖さまを敬い感謝し、仏さまのような心をもつ人間になり、さらに磨きをかけて美しい広い心になり、自分の本当の親である自然や神さまの存在を知り、神さまのような心を持つ、あるがままの本来の人間に進化しなければいけない。人間界から霊界へ、そして神界へと魂の昇華を遂げ、神人となるのである。このように本来は、霊界を包括している神界であるにもかかわらず、神さまは仏の陰に身を潜めることになったのである。

　以上、5つの岩戸閉めについて見てきた。『日月神示』で記されているのは5つ目までであるが、その後6つ目の岩戸閉めが行われたことを伝えたい。それは戦後の1946年1月1日に官報により発布された昭和天皇の詔書、通称「人間宣言」である。これは、天皇自身の神格や優れた日本民族が世界を支配する運命があるという説を、架空の神話や伝説とした部分に着目する通称として付けられた名称である。まさに、天皇は現人神であること、また日本は神の国であり世界の雛形であるという真理を、天皇自らが否定したのである。これは、日本国民に向けたものというより、日本国民のもつ神性を怖れ

た世界の国々に向けて宣言されたものといえる。これで日本独自の神道の道は閉ざされ、完全なる岩戸閉めとなった。

　以上、6つの岩戸閉めを見てきた。岩戸閉めとは神さまを封印することである。神の声を聞くことをやめ、神から離れていった人間たちは、真の道からはずれ、迷える子羊となってしまった。人間たちの無知ゆえの行動が、神を封印するという結果を招いているのである。このままでは、人類の存続は難しいと思われる今、神々の復活が必要となる。これらの岩戸閉めにより封印された神々や神の経綸を明らかにすることで神々は復活し、天界、神界、地上界、人間界、神人界全ての世界が完全な形となる。神の意に乗り神の叡智を知り、神さまと共に完璧なる岩戸開きを行うことで、人類の魂が進化を遂げれば、人類滅亡は回避できるのである。

真の岩戸開きに向けて

　5つの岩戸閉めに表されているように、神の真理を知ることができなくなった人間が残した『古事記』『日本書紀』は、真の神話ではない。伊邪那岐・伊邪那美の国生み神生み神話、天岩戸隠れ神話、須佐之男命の神話、神武東征の神話などは、スの神さまの意に沿ったものではなく、人智によって書かれた内容となっており、また、それがそのままこの地に現れている。しかし浅はかな人智でもって神話を作り、神を封印したり新たな神を祀ったりするよう仕組んだところで、神の名を操作することはできても、実際に神々を封印することはできない。全国各地で祀られていた神の名を全国規模で操作していく人間たちを、神々は見守りながら、正しき神の道に戻すための神策、神の経綸を用意し、長い時間をかけて人類を導いている。

　愚かな人間たちを救うため、スの神さまがお考えになった神策、神の経綸とはいかなるものであろうか。それはとてもシンプルなものである。人間自ら犯した罪は自ら償う。つまり人間が自らの力で岩戸開きを行い、再び、表

裏一体、陰陽一体、男女一体の神の世に戻すということである。神から離れ、欲深くなり、自ら穢し、垢のたくさんついた魂を、穢れのないピカピカの魂になるまで、磨き上げるのである。多くの困難を乗り越え、魂の汚れを落とし、神の御心そのままの光輝く御霊を手に入れることができた人間、つまり神人となれたものが神の許しを受け、岩戸開きを可能にする。魂の浄化を行い、魂のレベルが上がるごとにその段階に合った神と出会い、神知を授かることができる。そして神との共同作業で行う岩戸開きが、真の岩戸開きであり、人類最後に与えられたチャンスとなる。

第8章　岩戸開きを行う神々

　　　　5つの岩戸閉めにより、封印された神々や消された神々がいることがわかった。そのため、現在の地球、日本国は、神から離れた人間中心の不幸な歴史を歩み続けている。このままでは人類の存続は難しいといえる今、黄泉国の伊邪那美命、瀬織津姫、真性天照大御神、月読命、須佐之男命、天孫降臨した神々など、これらの神々の封印を解く真の岩戸開きが必要になる。そして岩戸開きに必要な鍵は、陰の神界である伊予二名島（四国）に隠されている。女の象徴である子宮を表す四国は、裏の役目を担う女神の国なのである。

　　　この章では、陰の神界と神人界からなる伊予二名島と各界のつながりを見ていくことで、そこに秘められた神の経綸を知り、真の岩戸開きに向けて、重要な働きをなす神々について明らかにしていく。

1．伊予二名島

伊予二名島と神話の国々

『記紀』などに、高天原、葦原中国、黄泉国、根の国、常世の国が出てくる。それぞれ神や人、死者が住む世界を表しているが、解釈の仕方がいろいろとあり、わかりづらくなっている。そこで上記の国々をすっきりと区別するため、第12図（第6章）で示した日本国土に表される各界エリアと重ねて見ていく。（第13図）

　まず、高天原は人間が住むことができない天上世界のことであり、天津神が住んでいる天界エリア、神界（陽）エリアと一致する。そして葦原中国は地上界エリアと重なっていて、我々が生きている目に見える地上世界や物質世界のことであり、いわゆる、この世のことになる。

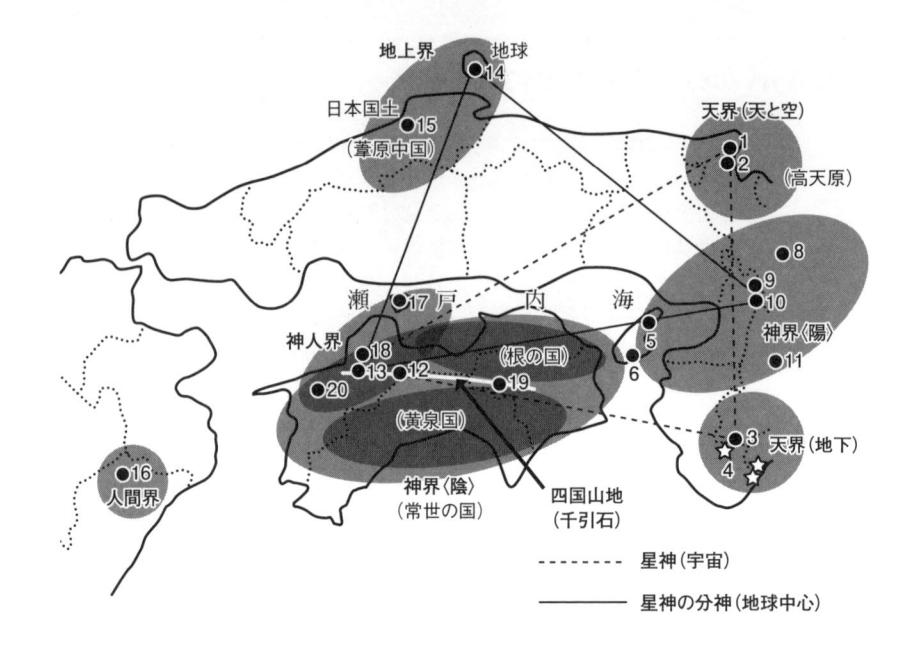

第13図　神話における神々の配置図

　次に神界（陰）エリアを見てみる。第6章で述べたように、伊予二名島が
もつ2つの顔とは、根の国と黄泉国のことであり、四国山地を境に北に根の
国があり、南に黄泉国がある。黄泉国は死者の国でありあの世のことである。
科学的に証明されていない目に見えない世界になる。先述したように、この
世とあの世の間に大きな隔たりがあるのは、伊邪那岐命自らが千引石であ
の世の入り口を閉じたためであり、その千引石が四国山地にあたる。また根
の国とは、この世とあの世の中間にある、目に見えない世界と目に見える世
界が共存している世界になる。つまり想念と物質が共存している、『日月神
示』で言うところの半霊半物質の世界になる。また、大祓の祝詞で、罪穢
れは根の国に押し流すとされている。流れついた罪穢れをいかに昇華させる
か、根の国、黄泉国、神人界が揃っている伊予二名島の地にこそ、人間が神

人へと進化するための鍵があると考えることができる。

　根の国と黄泉国がある伊予二名島全体を常世の国とすると、常世の国とは、目に見えない想念世界のことであり、海の向こうにあるとされる神や死者の国、異界の国のことになる。このように、『記紀』に出てくる国々は、各界エリアと重ね合わせて、日本国土上に表すことができるのである。

葦原中国からみた常世の国

　次に葦原中国（出雲国）を中心に考えてみる。北を天、南を地とすると、葦原中国を南下していくと海（瀬戸内海）に出る。その海の向こうに伊予二名島が見える。これは、古代の人々が、海を渡ったところが異世界であり、そこに神の世界や死者の世界があると考えたことと一致する。また、葦原中国、つまり、この世の罪や穢れは滝や川で祓われ、川の流れと共に海へ押し出され、海の向こうの根の国に流れ着くことや、根の国の背景にそびえたつ四国山地を越えたところが死者の国、黄泉国と捉えたこととも一致する。

　神話では、乱暴を働き、葦原中国からも高天原からも追放された須佐之男命は、妻である奇稲田姫と共に、根の国へ行きその地を治めていると記されている。根の国は、母の伊邪那美命がいる黄泉国の近くにある。先の章でも述べたように、地球を治める任務を与えられた須佐之男命は、隠岐の島に鎮座するはずであるが、本来の任務を果たすことができず、根の国に今なお留まっている。根の国と黄泉国の境にある四国山地の東端に位置する剣山山頂に鎮座し、根の国に流れ着く穢れを祓う役目をしているのである。剣山中腹にある大剣神社のご神体である50mにもなる磐座、山頂付近にある宝蔵石神社（図中●19）に納められているとされる宝剣など、いずれも須佐之男命の御神徳を表す剣といえる。

　千引石である四国山地の東側に剣山（図中●19）、西側に谷上山（田神山）（図中●13）、中央に石鎚山（図中●12）がある。これらの山々に、陰

の神界を守る三種の神器が祀られている。剣山、谷上山、石鎚山の各山頂にあるものが、剣、鏡、玉となる。剣の形をした磐座、鏡を表す霊泉、石の霊（玉）を表す磐境という3つの神宝をそれぞれに守っている神々が、剣山にいる須佐之男命、谷上山にいる月読命（月の女神）、石鎚山にいる石土毘古命（石の神）となる。そして、この三種の神器が眠る千引石（四国山地）が、岩戸開きの場所になるのである。

常世の国と霊界

仏教が伝わり、神道との共存が始まった。仏教でいう霊界が日本国土上で表されている場所が、常世の国である四国となる。霊界仏界が四国に表されていることは、空海ゆかりの寺院からなる「四国八十八か所」の存在が証明している。88の霊場寺院を結ぶ道を遍路道といい、阿波国を「発心の道場」、土佐国を「修行の道場」、伊予国を「菩薩の道場」、讃岐を「涅槃の道場」として、四国を巡礼することで仏の道に入り、極楽浄土を目指すことを目的としている[8]。

次に神道でいう常世の国と、仏教でいう霊界を重ねてみる。人間の魂は人生の中でいろいろな罪や穢れを作る。罪穢れを作った人間が過ちに気づき、改心することを誓うまでを、発心の道場である阿波国とする。この場所は罪穢れが渦巻く根の国になる。次に穢れた魂を持つ人間は地獄へ行くという考えのもと、修行の道場である土佐国に入る。この場所は、様々な試練や苦しみに耐え、罪穢れを落とし、心を磨きながら生きる修行の場となる。土佐国は、神道でいう黄泉国（死者の国）とされていることから、ここを仏教思想にある閻魔さんのいる地獄と捉えたのである。この地で修行に耐え、光を見出し、より仏に近づくことができた人間は、菩薩の道場である伊予国へ入ることができる。神人界である伊予国に入ったことは、神に近づき神人になる許可を得たことになる。神人になり得る人間が、仏教思想でいう菩薩にあた

るのではないだろうか。そしてさらに修行を積むと、涅槃の道場である讃岐
国に入ることができる。涅槃とは、煩悩の火を消して、知恵の完成した悟り
の境地、究極的目標である永遠の平和、最高の喜び、安楽の世界を意味する。
この境地に達することができた人間はいない。なぜなら、現在の地球が平和
でないからである。涅槃に入る人間がある程度の数になると、菩薩や神人に
なった人間が全世界の幸せのため、スの神さまの願いを叶えるために、生き
る世界になるのである。讃岐は根の国でもある。つまり神人となった人間た
ちが、罪穢れが渦巻く根の国を生命や富の根源の地である本来の根の国に変
えることができるのである。

　このように、神話に出てくる国々は、目に見えない世界として実際にこの
地に存在している。神道、仏教などの宗教は、目に見えない世界を想念で見
続け、その教えを伝え続けている。想念世界をないものとする現代社会では、
見ようともせず、信じようともしないために、無きものとされている世界に
なる。この目に見えない世界が表されている伊予二名島（四国）の存在が明
るみに出ることにより、全貌が明らかになってくる。

　次に、神界（陰）と神人界である伊予二名島の神々と天界、神界（陽）、
地上界、人間界における神々との関係から、各界がつながっていることを見
ていく。

2．伊予二名島の神々と各界の神々

星神

　宇宙にいるスの神さまは、太陽を中心とする銀河系の中に地球という星を
創り、地球の衛星として月を創った。ここで太陽、月、地球という星を神格
化した星神たちの関係性を見てみる。まず、銀河系の王である太陽神は天照

大御神であり、星神としての地球の神は内なる太陽でもある国常立神となり、それぞれ天界エリアの空と地に降臨する。さらに地球の衛星である月の神は、地球の一部分として存在しており、陰の神界エリアに降臨する。

　ここで、これらの星神が降臨する場所を第13図で見てみる。天照大御神は、天界エリアの真名井神社（図中●2）に、国常立神は、天界エリアの玉置神社（図中●3）に、月の女神は谷上山山頂（図中●13）に降臨することとなる。この3神の星神たちは、宇宙スケールで見た場合の関係性となる。

　次に地球を中心に見た場合、それらの星神たちの力や働きが変化することを見てみる。太陽と月を比べると、そのものがもつエネルギーの大きさや働きには大きな差がある。しかし地球を中心に考えると、地球から見た太陽と月の見かけの大きさが同じということに表されている通り、地球上に働きかける力は同じ程度になり、バランスの取れた陰陽の関係が成立する。太陽の子孫である日光の神が饒速日命となり、潮の干満といった水に働きかける月の引力や月光の神が月読命となる。また陸と海とから成る地殻の神が須佐之男命となる。これらの神々が鎮座する場所を第13図で見ると、饒速日命は神界（陽）エリアの磐船神社（図中●10）に、月読命は神界（陰）エリアの伊豫神社（図中●13）に、そして須佐之男命は地上界エリアの隠岐島水若酢神社（図中●14）になる。この3神は、太陽、月、地球といった星神たちが持つ力から派生する力を持つ神々であり、地球を中心として見た場合の関係性となる。

　以上、星神たちやそこから派生する神々は、互いに密接に関わりながら存続しており、皆同様に重要な神々であるが、夜を統括する月の女神や月読命は、日本神話における記述が極端に少なく、この神を祭神とする神社の数も少ない。月読命を祭神とする伊豫神社（愛媛県伊予市）も有名ではないということは、この神さまの存在が世の中にあまり知られていないこと、つまり目に見えない世界が、人間界でも認められていないことを表している。月は

無意識の象徴でもあり、また命あるもの（全ての自然）の生と死を司ることから、月読命は裏の役目を担っているといえる。しかし、これらの存在が、ようやく明るみに出る時が来るのである。このことはスの神さまが隠しておられた一厘の一つといえる。

　余談になるが、太陽と月は宇宙の中にあり、人間の手が届かない、踏み込むことができない神域となっている。しかし、月に人工衛星が到達する時代が来ている。魂の汚れた我欲の強い人間の手にかかると、月は売り物にされ、破壊され、その結果、自然のバランスは崩れ、恩恵を受けることができなくなるのではないだろうか。今のままの人間なら、そうなる可能性は大きい。間違った道を選ぶことのないよう、星神たちに対して畏敬の念を持つことが大切である。

天香具山と天山

　愛媛県松山市に天山という小高い山があり、山頂には天山神社（図中●18）がある。そして天山について、『伊予国風土記』に次のように書かれている。「天上にあった山が地上に落ちてくるときに、途中で二つに分かれ、その一つが大和国の天香具山になり、もう一つが伊予国に落ち天山になった」という話である。

　大和国の天香具山は、三輪山を中心とする陽の神界エリアにあり、三輪山の西側に点在する大和三山の一つである。天香具山の山頂に祀られている2神が国常立神と豊雲野神からつながる高龗神であることから、天界の神が、この地に降りてきた印として、天地創造の2神が祀られていると考えることができる。

　一方、伊予国に落ちた片割れの天山の近くには、星岡山、東山という小さな山が点在しており、大和三山を思わせる眺めである。山頂の天山神社には天櫛真知命が祀られている。この女神はご神託による占いの神であり巫女

的働きをする神として、スの神さまの声を聞き、字のごとく真理を知らせる神になる。そして大和の天香具山の麓にある天香山神社にも櫛真知命が祀られており、天山とツインソウルの山であることが示されている。しかし、こちらの神の名には、「天」が付いていないことから、天界とつながる巫女的占いの女神が降臨する地は、伊予国の天山になるのである。このように大和と伊予国にツインソウルの山が存在しているという事実は、神の経綸において重要な意味を持っており、神秘（神さまの秘めごと）となっている。

　陽の神界エリアにある天香具山は饒速日命（日光の神）のそばに、また陰の神界エリアにある天山は月読命（月光の神）のそばに鎮座している。スの神さまは、陽と陰、明と暗、昼と夜、有名と無名……という裏表の関係を大和と伊予国の地に表している。そして、天香具山と天山が一つになるとき、つまり陽の神界と陰の神界が一つになることができたとき、太陽の光と月の光が合わさってより強い光となり、この世を照らす真の光となるのである。

月読命と愛比売命

　ここで、神界（陰）における三種の神器の一つである月の光を映す鏡がある、四国山地西側に位置する谷上山について詳しく見ていく。谷上山の麓にある伊豫神社の祭神は月読命となっており、またその敷地内には、明治43年に合祀され境内社となった愛比売命を祭神とする弥光井神社（真名井神社）がある。弥光井神社の説明に、「水の乏しいこの地域に絶えることのない湧水があり田の神様として伊予の国の国霊神である愛比売命を祀り弥光井神社（真名井神社）として信仰された」（伊豫神社（愛媛県上野町）境内の弥光井神社石碑）とある。そして現在は伊豫神社の祭神となっている月読命と愛比売命であるが、昔、これらの神が降臨したとされる場所が谷上山山頂（図中●13）にある。

　谷上山山頂には、湧水により涸れることのない小さな池があり、夜光井

とよばれていた。大昔、愛比売命がこの井のほとりにお生まれになり、五穀豊穣を守られる田の神として、祠を建て祀られていたとされる。ここは第7章で述べた聖徳太子が建てた宝珠寺のおこりとなった地でもある。現在も小さい丸い池の跡が残っており、そばには小さな祠がある。この夜光井とよばれる霊泉の池が月読命のご神体になると考えられる。山頂にある、月の光を映し出すこの池が、月の女神の光をこの世に映し出す鏡となっていた。この霊泉の水は、月の女神がもつ変若水（若返りの水）、黄泉がえりの水として信仰されていた。今は池の水は涸れ、跡だけとなっているが、再び月の女神への信仰心が戻れば、この黄泉返りの力により、陰、裏の働きをされてきた神々が黄泉返ることが可能となる。月の女神の存在が明らかとなり、太陽神との陰陽の関係が成立することで、目に見えない世界（天界、神界などの想念世界）の存在が、認められる時代となるのである。

　また、谷上山は田神さんと呼ばれていたことから、水と稲作が結び付き、水の乏しい地域にある湧水を田の神とし、伊予国の国霊神である愛比売命と結び付け祀ったと考えられる。愛比売命は、伊予国の国霊神であることから、想念の神さまでもある。こころの神さまである大物主神と同じように、この伊予国の光輝く魂として、天界からやって来た神さまといえる。『古事記』の国産み神話で、「伊予国は愛比売と謂い」とあるように、神話に出てくる神の名が県名となっているのは、全国の中で愛媛県だけである。つまり愛媛県は愛の姫神に守られている地であり、「愛は地球を救う」という言葉があるように、「愛」が神の経綸成就においてのキーワードとなることを示唆している。

大国主命と少彦名命

『記紀』に出てくる少彦名命は、神産巣日神の御子とも高皇産霊神の御子とも言われ、大国主命と共に神の国日本の国土を造るために、天乃羅摩船に

乗って波の彼方より来訪した神である。大国主命は五穀豊穣、商売繁盛、縁結びの神さまとされており、少彦名命は知恵の神と称され、医業、薬、温泉、酒造の神さまとされている。この2神がペアとなり、全国を巡り歩き、国土造りを行うことになった。そして国造りの途中で少彦名命は常世の国に渡り、伊予国を最終の地としたとされている。この神の御陵（図中●20）があるとされる大洲市菅田は、伊予国（神人界）と土佐国（黄泉国）の境に近い場所に当たる。

　また大国主命と少彦名命は、温泉の祖でもある。温泉は地球内部からの熱と水の働きによる恩恵であり、国常立神の働きの一つとなる。愛媛県には、日本三古湯の一つである道後温泉がある。昔、足を痛めた白鷺が、岩の間から流れ出る湯に浸したところ、傷が癒えて飛び立って行くのを見て、温泉の効能を確認したという伝説があり、3000年という歴史をもつ古代からの温泉とされる。また、道後温泉についての神話が、『伊予国風土記』の逸文にある。大国主命と少彦名命が、出雲から伊予へ旅をしたところ、少彦名命が突然の病に苦しんだ。大国主命が大分の湯を海底から引いて道後へ導き、その湯につかると少彦名命はたちまち元気になったという神話である。この神話から出雲（地上界）と高千穂（人間界）と伊予国（神人界）のつながりを知ることができる。

　次に、伊予国を想念世界として見てみる。少彦名命は、海の向こうの常世の国（＝伊予二名島）の神さまであり、想念の神さまであることから、日本の国造りにおいて、目に見える物質世界を作る大国主命と共に、目に見えない想念世界を作る神として共に国造りを行ったと考えることができる。したがって、知恵、温泉、酒、薬といった、こころや魂を癒し、健康になるために必要なものを作り出したといえる。また、大分より道後に湯を引いてきたということについては、中央構造帯上に位置する大分と道後がつながっていることから、容易に理解できる。そしてこのことは、人間界がある九州から

神人界がある四国へとつながることを示唆している。神（自然）の恵みである湯には、若返りや命を与えるというエネルギーの源としての霊力がある。日本最古の道後温泉があり、少彦名命に守られている伊予国は、目に見えない世界における霊泉の地なのである。

　また、道後温泉は、映画「千と千尋の神隠し」に出てくる油屋（八百万の神々が入る温泉）のモデルの一つと言われている。この映画は、神さまの意に乗った作品であり、現代に続いている神話を暗示している。名を奪われた川の神さまである龍神「ハク」の本当の名前は「ニギハヤミコハクヌシ」である。饒速日命（ニギハヤヒノミコト）と似ていることから漢字を当ててみると、饒速水琥珀主とすることができる。日の神さまと水の神さまが合わさっていることから、本当の神の名に饒速日命と瀬織津姫の2神が暗示されていることがわかる。また、ハクに本当の名前を思い出させたのは、人間である千尋であった。それを成し遂げることができた千尋に備わっていたものは、一生懸命真面目に働く姿、お金や物を欲しがらない心、相手を助けたいという献身的な愛の力であった。神人となった人間が、名前を奪われた神々を救うというこの話は、まさに神の経綸成就を示唆しているのである。

瀬戸内海の神々

　第6章で述べたが、常世の国（想念世界）と葦原中国（物質世界）の間を隔てている瀬戸内海には、綿津見神（海神）と大山津見神（山の神）が鎮座している。また、綿津見神の娘である豊玉姫と玉依姫、山神の娘である磐長姫と木花咲耶姫、そして山と対になっている川の神さまである瀬織津姫がいる場所でもある。

　ここで、陽の神界エリアの淀川をご神体とする瀬織津姫について考える。昔、淀川の中州にあった三島江にて、山の神と結びついた川の神である瀬織津姫は、大三島（大山祇神社）へ勧請されることになる。大山祇神社の創建

の由来は諸説あるが、『伊予国風土記』の逸文に、「大山祇神は百済から渡来して津の国（摂津国）の御嶋に鎮座、のちに伊予国に勧請されたとする」とある。この御嶋は上記の三島江のことである。また社伝によると「推古天皇2（594）年に大山祇神の子孫の乎千命（おちのみこと）が勧請した」とある。これらのことから次のように考えられる。卑弥呼の神政治が終わったのち、仏教が伝わった時期と重なる6世紀後半、日本人が神々の名を操作し始め、神から離れていく様子を懸念したスの神さまは、大山祇神（山の神）と瀬織津姫（水の女神）を共に、陰の神界エリアであるこの地に勧請されたのではないだろうか。つまり、乎千命（おちのみこと）が三島江から勧請したのは、大山祇神と瀬織津姫の2神であったと考えられる。そして神から離れていく人間の罪穢れを祓うという裏の役目を瀬織津姫に与えたのである。瀬織津姫の名は消されても、裏表の関係にある山川が一つに祀られることで、瀬織津姫の存在は守られた。そして滝や川の神である瀬織津姫により、琵琶湖から淀川へ、さらに瀬戸内海へと水の路ができることで、天界と神界と神人界がつながったと考えられる。そして各界とつながる瀬戸内海で、人間の魂の穢れを祓い清めながら禊（みそぎ）を行い、神人へと導く働きをするのである。

　水の女神たちの働きは人間が作る罪や穢れを祓い清めることである。滝や川で禊を行い心身共に穢れを洗い落す。その罪穢れは川を流れ、海へ出る。さらに海には祓戸大神（はらへどのおおかみ）と呼ばれる女神たちが鎮座し、罪穢れを飲み込み、根の国へ吹き放ち、最終、浄化し消滅させるといった働きを行っている。祓戸大神は穢れを祓い（外面の清め）、禊（内面の浄化）、晴れ（気枯れの回復）の状態にして黄泉返らせるというご神力をもっている。[9] これらの水の女神たちは、人間が魂を昇華して神人となるために必要な神々となる。

　以上のことからも、陰の神界や神人界、また常世の国となっている伊予二名島の神々は、各界の神々とつながっており、神の経綸成就のための鍵を握っていることがわかる。これらの神々が明るみに出ることにより、目に見

える物質世界のみ信じて生きている人類は、目に見えない想念世界が存在すること、神の世界が存在することを知るのである。

3．岩戸開きと陰陽の関係

国造りの神々

『記紀』の神話に基づき、神と人間がたどってきた神道の歴史を見直すことで、神代から続く岩戸閉めによる過ちに気づくと共に新たな神の道が見えてきた。陰陽の関係、表裏一体の仕組みで物事を見ることにより、神の経綸や宇宙の真理を知ることができる。次の表にみられるように、地球上のあらゆる自然や環境と、想念である神々は陰陽の関係にあることがわかる。

　ここでは、国土造りに関わる神々（第14図網掛け部分）を取り上げて見てみる。陰陽の関係にあり対となっている神々の組み合わせから、国造りにおいて必要なものは、大地と水と稲と考えることができる。土（大地）と水と稲が結ばれることで、人間が生きていくのに必要なものが揃うのである。これらは目に見える物質を生み出す働きの神となる。また、自然の恵みが与えられる反面、干ばつ、洪水、台風など人間の力ではどうすることもできない自然の脅威を受け入れなければならない。そこで自然の中に神の存在を感じ、五穀豊穣を願い祈ることになる。

　古代より神の声を聞く能力は女性に与えられている。巫女的神、巫女的存在である神人は、神（自然）へ感謝の祈りを捧げ、自然と共存することを可能にしてきた。つまり目に見えない想念にて、神と自然、自然と人をつなぐ働きをしていたのである。これらのことから、国造りにおいても、物質的な働きと想念的な働きの両方が必要であることがわかる。あるべき地球の姿になるためには、水の女神、食物（田）の女神、巫女的女神といった陰の働き

	陽（男）		陰（女）	
高天原	太陽	天照大御神	月	月の女神
（天界）	地・火	国常立神	空・水	豊雲野神
（神界）	日光	饒速日命	月光	月読命
（地上神界）	山	大山積神	滝川	瀬織津姫命
葦原中国	地球（地表）	須佐之男命	稲	櫛稲田姫
	日本国土	大国主命	巫女的神	須勢理毘売命
常世国	伊予国	少彦名命	田・巫女的	愛比売命

第14図　陰陽の神々

が陽の働きと同様に必要であるが、実際には、女神たちの存在は男神ほど知られておらず、祀られている神社の数も圧倒的に少ない。今後は、これら日本神道の神々の謎を解明し、陰陽の関係にある男女両神を揃えて祀ることで、神の導きにより正しく自然の恩恵を受けることができるようになる。

岩戸開きを行う饒速日命と瀬織津姫

　第7章で述べたように、5つの岩戸閉めにより神々を封印してきた人間は、自らの力で岩戸開きを行わなければいけない。神の封印を解くということは、陰陽の関係にある神々を正しく理解し、崇め奉ることである。そのために、神界にいる神々も、それぞれ働きかけ人類を導いているのである。ここでは、神界において岩戸開きの鍵を握る、饒速日命（日光の神）と瀬織津姫（滝川の神）について詳しく見ていく。

　まず、饒速日命について述べる。天から大きな磐船に乗って饒速日命が降臨した場所が、交野市（大阪府）の磐船神社の地になる。ここに天磐船とされる大きな磐座が、天野川をまたぐ形で鎮座し、磐座周辺には巨石群からな

る岩窟がある。天野川を渡るようにそこを通り抜け、たどり着いたところに天岩戸神社があり、実際に天岩戸と思わせる巨石が立っている。ここが神界における天岩戸になる（天岩戸は各界にある）。この岩戸に隠れているのが饒速日命となる。つまり、天照大御神の岩戸隠れにより真性天照大御神の光が届かなくなったため、神界においても饒速日命の真の光を人類は得ることができていないことになる。そして、陰陽の統合を果たし真の光を取り戻す役目を与えられた饒速日命は、経綸成就のために神や人間を導きながら、神界（陽）を守っているのである。

　一方、淀川をご神体とする川の神である瀬織津姫は、流動性のある水を介して、空の神、山の神、大地（陸）の神、海の神といった自然界の神々とつながることができる神として、自然界の各界を結ぶという大きな役目を担っている。そして、天野川と淀川はつながっていて、本来は日の神と水の神は陽の神界エリアにて共に働く神々でなければならないが、先の章で述べたように、神の意に反する人間の行為から、瀬織津姫は瀬戸内海に浮かぶ大三島がある神人界エリアにて山の神と共に祀られているため、饒速日命とは離れ離れになっている。

　また、天孫降臨の神である饒速日命は、真の人類完成を目指す神であり、その目的を達成するためにも、浄化の女神である瀬織津姫の力が必要になる。瀬織津姫は、人類の魂を昇華させる祓戸大神として人類（日本人）の魂を祓い清める働きをするのである。そして、離れ離れになっているこの2神が天野川をたどり再び出会うことで、真の天岩戸開きが可能となる。

饒速日命と瀬織津姫の働き

〈物質世界の働き〉

　饒速日命（日光の神）と瀬織津姫（滝川の神）は、人間にとって身近な神さまであり、肉体と魂の両面において大きく働きかける自然神である。次に、

これらの自然神がいかに人間に関わり、影響を与えているかを見ていく。

　まず、目に見える世界における日光の働きを見てみる。太陽の熱と光が地上に届いたものが日光であるが、光があるから明るい昼があり、熱による気温変化があるから春夏秋冬がある。光合成を行う植物や日照時間に影響を受ける生物、また日光浴によるカルシウムの生成、天日干しによる殺菌効果など、自然界のあらゆる生命体を維持するために、数えきれないほどの働きを行っている。

　次に、自然界における水の役割について見てみる。地球の表面の70％は海であり、人間の体も、水分が60〜70％を占めている。生命の源であることはもちろん、水の循環作用や、汚れを洗い流す洗浄作用など、様々な働きがある。体内においては、消化器官を通して、口から摂取し排出するという流れで水が循環することにより、生命を維持することができ、体の表面においては、風呂、洗顔、洗髪などで体の汚れを洗い落とすことができる。また、洗濯や掃除などで水を使い、あらゆる物質の汚れを落とすなど、水がもつ洗浄力は何にも勝る。人間同様、地球を肉体として見た場合も、雲、雨、滝、川、海という水の循環を通して、地上の汚れは滞ることなく清められている。

　以上のように、自然界において、饒速日命の力である日光の恵みや瀬織津姫がもつ水の清めの力といった働きにより、多大な恩恵が与えられていることがわかるが、時に自然は猛威をふるい、畏敬の念を抱くことを人類に促す。自然災害は人間への警告と考えてよい。饒速日命は猛暑や冷夏、日照りや干ばつを通して、瀬織津姫は、豪雨による洪水などの災害を通して人間たちに警鐘を鳴らしているのである。

〈自然美と喜び〉

　陰陽の関係にある日の神と水の神が作り出す自然現象を見てみる。水は水蒸気や氷へと姿を変えることができる神秘的なものであるが、水の状態を変化させているものは、日光が与える温度変化になる。海水が太陽で温められ

水蒸気となり上空へ昇り雲となる。反対に温度が下がる（日光の熱が失われる）と水や水蒸気は氷や雪となる。氷雪の結晶の美しさは神業的な自然美である。そのほかにも、空中の水と太陽の光で作られる虹や、水面に日光が当たりきらきらと光る姿など、日と水で織りなす自然美はあらゆる姿で自然界を彩っている。

　このような自然美に触れるとき、私たちは感動し魂は喜びを感じる。また、暑い夏に触れる水の冷たさが気持ち良いこと、寒いときに入る熱めのお風呂が気持ち良いことなど、日光と水といった自然の恵みにより、魂は大きな喜びを得ることを体はよく知っている。そして魂が喜び快を感じるとき、幸福感を味わうことができる。身近な自然の中に神々の存在を感じ、神（自然）を喜びとして受け取り、感謝しながら生きることは、神と共に生きる、本来の人間の姿なのである。

　自然は神であると信じることができると、これらの神々を身の回りで発見することができる。日光である饒速日命は、一日の始まりを告げる朝日の中や暖かい春の日差しの中に見出すことができる。花を咲かせ、洗濯物を乾かし、太陽光発電をするなど、あらゆる力を発揮する。このような日光の神である饒速日命は、包容力のある温和なイメージをもつ温かいプラスの力を与えてくれる神である。

　一方、滝川の神である瀬織津姫は、流れ落ちる滝や水しぶきの中に見ることができる。上流では大きな岩の間を流れる清らかな水の中に、下流では魚や水草などの生物を抱きつつ大きく緩やかに流れゆく姿の中に見ることができる。このような姿で現れる瀬織津姫は、清らかで透明感のある、冷静な落ち着きをもつ芯の強さを秘めたイメージの神である。また、祓戸大神でもある瀬織津姫には、滝行や川行があるように心の穢れを祓い清める力がある。「嫌なことは水に流す」と言われるように、心の洗濯もできるのである。以上のことから、目に見える物質世界だけでなく、目に見えない想念世界にお

いても、日の神と水の神の働きが作用していることがわかる。

〈愛と真の現れ〉

　饒速日命と瀬織津姫は、真の岩戸開きに必要な神界の神々である。その背後には、神界の神々の働きを見守る、天界の神々が存在している。太陽神である天照大御神の想念は愛として現れる。天照大御神は無償の愛を人類に与え続けている。したがって太陽神の子孫である饒速日命も、太陽の愛を光に乗せて地球上に与え続けていると考えることができる。

　一方、月の女神の想念は真として現れる。月の女神は真理を隠し持っている。水の女神を通して月の女神とつながっている瀬織津姫は、人間が魂を美しく磨き上げた先に知ることができる真を与えている。

　つまり天界にいる神々の恵みである愛と真によって、魂の昇華が可能となる。太陽のあまねく降り注ぐ愛の光を受け、魂の穢れを祓い清めること、つまり神の愛と禊を受けて魂を昇華させることで、神の真理に近づくことができるのである。

火の神と水の神の働き

　次に、饒速日命と瀬織津姫よりもより大きな力を持つ火の神と水の神について見ていく。内なる太陽ともいわれる国常立神は、天界（地下）の神であり、地球内部より現れる火の神は火之迦具土神（ひのかぐつちのかみ）となる。第6章で述べた火の神である彦火明命（ひこほあかりのみこと）は、太陽から派生する神である。つまり宇宙にある太陽と彦火明命、内なる太陽と火之迦具土神というように分けることができる。そして、ここでいう火の神とは火之迦具土神のことになる。一方、天界（空）の神である豊雲野神は、大気であり空気であり、水蒸気や雨や雪などの形で存在している水の神（龍神）を包括している。ここでいう水の神は、豊雲野神から現れ出る変化自在の水の神のことになる。

　まず、陰陽の関係にある火と水について見てみる。火は水で消すことがで

き、また燃焼するときに水ができるといったことから、陰陽、裏表の関係にあるものは、相反すると同時に影響し合い、何かを生み出すことがわかる。大きなエネルギーを持つ火と水の神は、地球の自然を創造しており、また、地球は火の循環と水の循環によって息づき、同時に浄化も行っている。

　火の神について見ると、日光と比べ高温高熱である火は、より大きなエネルギーを持っているため、地球上を浄化する神となり得る。地の神と共に働き、火山の噴火、地震、火事といった自然現象を通して地球という肉体を浄化する。それらは、地球にとって必要なものであるが、時に災害となり、人間にとって脅威となる。一方水の神について見ると、大気圏を統括している空の神は、水の循環を担う水の神や風の神を包括している。そして豪雨で洗い流し、風で吹き飛ばすことで地球上の穢れを祓うといった浄化の働きを行っている。これらは地球レベルでの働きとなるが、人間の肉体レベルにおいても同様な働きを見ることができる。

　人間の肉体は土と水でできており、そこに火を灯すことで命が吹き込まれる。肉体の中は水で満たされ、また水と火とで作られる血液の循環によって、生命が維持されている。魂に灯された火の熱により体温が生じ、心に灯された炎は情熱となる。情熱とは感情がもつ温度である。感情が高ぶると体温が上がることは皆実感できる。つまり、怒り、悲しみ、喜び、熱意といった熱い感情を司っているのが火の神となる。また、怒りの炎、情熱の炎、内に秘めたる熱い思いなどと表現されるよう、魂に宿る火は、行動の原動力となる。したがって、火の神を崇め祀ることで、強く生きる力を得ることができる。

　一方、冷静になる、頭を冷やす、水を差すといった、高ぶった感情を平常に戻すための働きを成すのが水の神である。例えば、特に多くの熱を発する怒りの感情を持ったとき、水の神の力を得て、怒りを抑えコントロールすることができる。怒りの感情をコントロールできることで、受け入れる心や許す心が育つことになる。このことからも魂の浄化昇華を導く神が水の神と

なっていることがわかる。以上のように、魂レベルにおいても火と水の神の力が大きく働いているのである。

　地球や魂の浄化が進めば、国常立神と豊雲野神が活躍するときとなる。これらの神々の存在に気づき、神さまと共に生きる道を選べば、大いなる神の力を得ることができるが、反対に神への冒瀆の罪を犯すと、地の神による地震、噴火、火事、また空の神による豪雨、台風、雷などの自然災害や自然現象が起きるのである。自然災害を神々からのメッセージと捉え、自然に対して畏敬の念を抱き、謙虚に生きることが求められる。

　以上、人類が魂の昇華を遂げ、真の天岩戸開きを行う上で、大きく関わる神々を見てきた。次の章では、それらの神々と共に、いかに神人が岩戸開きを行っていくかを見ていく。

第9章　三千世界の完成

　　　　宇宙の法則に則った地球とするために、陰陽と循環の法則が必要となる。5つの岩戸閉めにより、神を封印し、神から離れていった人間は、目に見える物質世界のみを信じ、科学的に証明されていない目に見えない想念世界を無きものとし、人間中心の狭い価値観で物事を見るようになった。しかし実際は、宇宙や神といった時空を超えたもの、常識を超えたものの力により、世界は動いている。

　　　　この章では、「真の岩戸開き」により、陰陽の法則に則った世界が見えてくることで、天界、神界、地上界、人間界など全ての世界、つまり三千世界が統合、融合されること、そして全てがつながり循環し始めることを見ていく。

1．真の天岩戸開き

岩戸開きを行う神人

　スの神さまは、真の岩戸開きを行う神人となる人間を、この世に送り続けている。人類の課題をクリアする使命を負うものは、生まれ変わりを繰り返し、引き継がれていく。ツインソウルとしてこの世に生まれ、与えられた境遇のもと、与えられた才能を使い、人生をかけてこの使命に取り組みながら生きる。そして神々は、神策成就を目指し、全面協力体制で、選ばれた人間たちをバックアップし、あらゆる伏線を敷き、正しい方向へ導いている。この使命を負ったペアが、人類全体の救世主になる。そして神の経綸が成就したとき、人類は神人共に生きる世界に移行することができるのである。

　人類最後の救世主は神の国日本に存在する。国民性の違いを見るとよくわかるが、他国からは出てこない。歴史を振り返ってみる。日本人が神と共存し平和に生きていた縄文時代、他国では、白色人種（地球外部からやってき

たと考えられる）＝未熟な魂レベルの人間たちは、金と権力を持つ者が、弱者や自然を支配する弱肉強食の世界、つまり、欲求のままに生きる理性のない野蛮な世界を作っていた。そこでスの神さまはイエス・キリスト（ユダヤ人＝元祖日本人）を救世主として、その地に送り込んだ。白人社会のための救世主である。しかし、キリストを通じて伝えられた神の言葉や教えも、未熟な魂レベルの人間たちは正しく理解することができず、自分たちの都合の良いように変えてしまうのである。旧約聖書から新約聖書ができ、神の教えが多様に解釈され、違う神が生まれていった。そして、それぞれの神を信じる者たちは、わが神のみが正しいと主張し、他の神を認めず、争いや戦争を繰り返している。このような世界から真の救世主は現れない。

　最終段階に入った2016年、2017年以降、神の国日本において、人類の救世主たちが出始める。たった一人の本当の神さまである宇宙創造神の意に乗ることができる真の神人たちが現れるのである。人類に課せられた使命を負う人間が、神の意に乗り、課題を達成することで、真実が明らかとなる。次に神人がいかに真の岩戸開きを行うかを見ていく。

内なる神さまとの統合

　人間は、自分の魂を磨き真の神人となり、内なる神さまと出会えたとき、神さまが放つ光が、その人間の内側より光り輝き始める。この光り輝く魂こそが、思い通りに願いが叶うと言われている「如意宝珠」ではないだろうか。無限の可能性を持つ神さまの魂に限りなく近づくので、何でも意のままに叶えることができる。そして神人となった人間は、「宇宙全体が幸せになりますように」という神さまと同じ願いを叶えるため、与えられた才能や力を発揮しながら、使命を果たすために生きる。この内なる神さまの光は、人間が自らの力で、手に入れなければならないものであり、この内なる神さまと人間の統合が、岩戸開きに必要な鍵となる。

神人たちの統合

　これまで見てきた各界に配置された神々を、陰陽の関係で整理したものが第15図になる。天界、神界、人間界に分けて見ると、天界から神界に降りるとき、陰陽の法則のもと、太陽族と月族に分かれ神々が生まれる。また人間界に生まれ落ちるとき、男は太陽族が配置されている陽の神界エリアに、女は月族が配置されている陰の神界エリアに生まれ落ちる。天にある山が、2つに分かれて天の香具山と天山となったように、ツインソウルである2人は、それぞれの地に分かれ生まれ落ちる。そして人間界をスタートし、この地で生きる中で、あらゆる経験をし与えられた試練を乗り越え、内なる神さまとの統合を果たすことができた神人たちは、神界、天界にいるスの神さまへとつながる神々と出会っていく。

　天孫降臨し、陽の神界を治めている太陽族とは対照的に、未だ日の目を見ず隠された陰の神界を治めている月族であるが、その月族の女は、内なる神さまとの統合を果たし神人となったことで、天孫降臨ではなく天孫昇天することを許される。天橋立を渡り、真名井神社へと導かれ、天界エリアにいるスの神さま（天之御中主神）と天照大神（太陽神）の下に招かれる。そして神人となったことを認められ、神々の封印を解く使命を与えられるのである。

岩戸開きと復活する神々

　陰の神界エリアにいる神人と陽の神界エリアにいる神人が行う天岩戸開きを見ていく。月族の神人は、饒速日命が天の磐船に乗って天界から降臨したとされる磐船神社へ行き、その巨石の下を流れる天野川を渡り、天岩戸神社へと向かう。神人の持つ光り輝く如意宝珠（魂）が鍵となり、岩戸は開き、その岩戸から饒速日命が姿を現す。封印された人類の祖神である饒速日命がこの世に姿を現したことで、人類は、饒速日命（日光の神）と瀬織津姫（滝川の神）の2神がもつ愛と清めの力を得ることが可能となる。

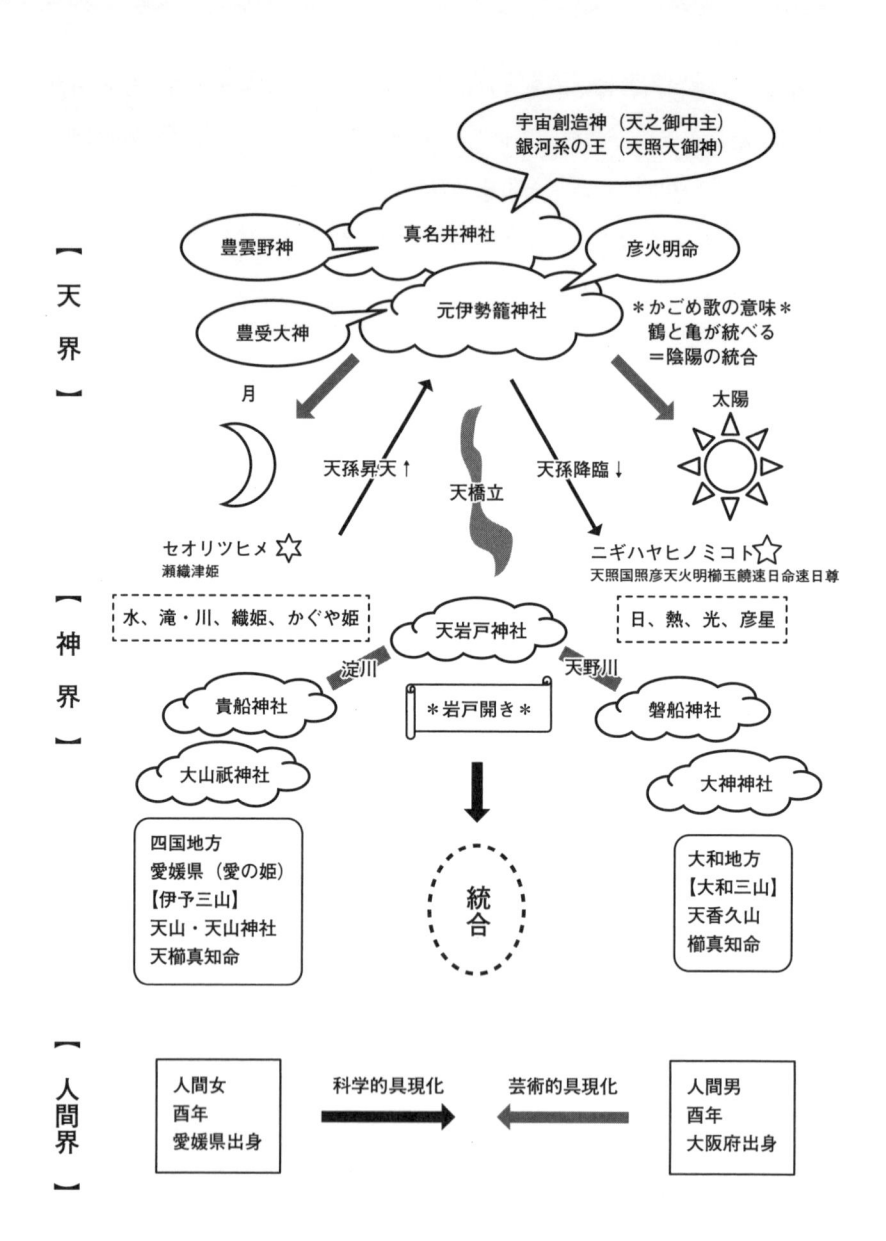

第15図　プロジェクト79 by GOD

　さらに、天照大御神の分神である日の神が現れ輝き始めることは、同時に陰の神界を支配する月の女神の光も輝きを取り戻すことになる。神界において、陰陽揃った真の光が輝くことで、地上界や人間界においても、あらゆる真実が照らし出され明らかとなっていく。これが神人による神界の天岩戸開きであり、さらに三千世界における岩戸開きへと続くのである。

　また、真の天岩戸開きで日の神と共に姿を現した月の女神がもつご神力（夜の光、黄泉がえりの水、死）により、封印された陰の神界にいる神々の黄泉がえりが起こる。伊邪那美命（女、黄泉の国）、瀬織津姫（水の神）、玉依姫（竜宮の乙姫、巫女的神）、愛比売命（愛、田）などの女神たちが復活し、明るみに出る。

　神人となる使命を負った女が、生まれ育った場所は、神人界エリアにある愛媛県松山市の天山の麓である。子どもの頃、よく天山へ登り遊んでいた。瀬織津姫をはじめとする縄文の女神たちや、伊予国の国霊神である愛比売命、天山神社の天櫛真知命などの陰の神人界エリアの神々が守護神となり、女を見守り導き続けた。また、ツインソウルである男と女の魂は、共に内なる神との統合を果たし神人になるために、常にシンクロし進化している。陽の神界エリアにいる男と陰の神界エリアにいる女が、光り輝く魂を手に入れ神人となり、そして一つになるという課題を達成するために、目に見えない想念世界において、あらゆる神々の援助や導きがある。ツインソウルの象徴ともいえる天の香具山と天山、愛と癒しの力を与える伊予国神である少彦名命と愛比売命、日の力により魂に愛を与え、水の力により穢れを祓う饒速日命と瀬織津姫、陽と陰を象徴する伊邪那岐命と伊邪那美命、神の光へと導く天照大御神と月の女神などである。神人による真の天岩戸開きが行われたのち、陰陽の両界から導き続けたこれらの神々も徐々に統合を果たしていく。神々の統合については、後で詳しく述べる。

かごめ唄の意味

　いつの頃からか歌い継がれている「かごめ唄」は、天界エリアにある真名井神社と元伊勢籠神社にまつわる唄であり、陰陽の統合、三千世界の融合といった神の経綸が示唆されていると考えられる。その意味は次のように解釈することができる。

「かごめかごめ」　　　→かごめ紋のある元伊勢籠神社のこと。

「籠の中のとりは」　　→竹の中に入っているのは、字のごとく龍。つまり、龍神とも関わりのある饒速日命と瀬織津姫、また、酉年生まれである男と女のこと。これらの神々や人間が籠の中にいるということは、岩戸閉めにより封印されていることを表している。

「いついつ出会う」　　→いつ出会えるかというと……

「夜明けの晩に」　　　→夜明けとは、岩戸開きであり、地球の次元上昇、三千世界への移行のことで、夜明けの晩とは夜明け前、岩戸開きとなる前にということ。

「鶴と亀が統べった」　→女（鶴）と男（亀）の統合を意味する。神と融け合い神人となることで、岩戸開きが可能となり、さらに神さま同士、人間同士が結ばれる、ツインソウルの統合、表裏、陰陽の統合が完成するということ。

「うしろの正面だあれ」→元伊勢籠神社の後ろには、真名井神社がある、つまり、後ろを向くと銀河系の王である天照大御神と宇宙創造神であるスの神さまが鎮座していることから、最後にスの神さまにたどり着くということになる。

　次に真の光を灯すことができた神人と共に、三千世界がいかに統合し、循

環していくかを見ていく。

2．神経綸の仕組み

富士の仕組み

　日本神話では、天界と神界（陽）の神々がいる「高天原」、地上界の神々がいる「葦原中国」、神界（陰）の神々がいる黄泉国と根の国を合わせた「常世国」で、三千世界を表している。神さまを封印した岩戸閉めのため、各界の断絶が起こり、スの神さまの意に乗ることができなくなった人間に対して、用意された神の経綸の一つに、『日月神示』で書かれている「岩戸を開く富士の仕組み」がある。ここでいう岩戸とは、天岩戸ではなく、伊邪那岐命が塞いだ葦原中国と黄泉国の間にある「千引の岩戸」のことである。

　日本各地に郷土富士と呼ばれる富士の名が付いた山々がある。千引石である四国山地にも伊予富士と呼ばれる山がある。郷土富士の多くが独立峰である中、伊予富士は石鎚連峰の一峰に過ぎず、石鎚山に連なった東側すぐのところに山頂がある。歴史的に富士山と何らかの関係がある山にも富士の名が付いていることから、伊予富士という山の存在は、富士の仕組みによる岩戸開きの場所が四国山地であることを表していると考えられる。ここが、石鎚山を通る「千引の岩戸ライン」になる。（第16図ライン①）

　①剣山（図中●19）―石鎚山（図中●12）―谷上山（図中●13）

　第8章でも述べたように、この千引の岩戸を開くのに必要なものが、神界（陰）における三種の神器にあたる月読命の鏡、石土毘古命の玉、須佐之男命の剣になる。神人による天の岩戸開きで明らかとなった月の女神であるが、この神がもつ黄泉返りの力により、あらゆる神々が復活することで、神々の働きである自然の摂理が正されることになる。月読命の復活により、月読命

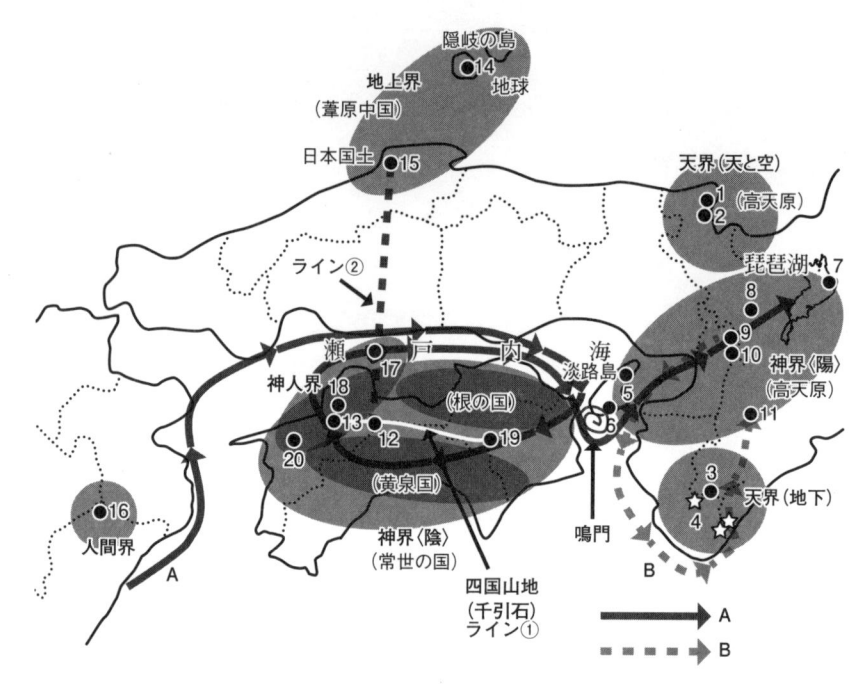

第16図　三千世界の融合

　がもつ鏡の曇りは消え、月の光を美しく映し出すことになる。

　また根の国を治める須佐之男命の本来の力が発揮され、石土毘古命のご神宝である石の魂（玉）が目覚め光り輝くことになり、石＝意思＝想念世界が明らかとなる。つまり、これらの神々の復活により、伊邪那美命が神界（陰）における三種の神器を手に入れることで、千引の岩戸が開き、黄泉国と根の国の統合が行われ常世の国が完成し、想念世界の存在が日の目を見るのである。また、常世の国の伊邪那美命と根の国の須佐之男命が出会うことで、母を必要としていた須佐之男命の願いは叶い、母の愛の力を得て、いよいよ地球統治の完成を目指すことになる。

　他にも、千引の岩戸が開き葦原中国と黄泉国が統合することで、この世と

あの世が同時に存在していること、生と死は同じ延長線上にあり魂は存在し続けること、死者や霊が存在することなどを受け入れることが可能となる。

次に、石鎚山を通る２つ目のラインとなる「葦原中国と常世の国をつなぐライン」について見てみる。（第16図ライン②）

②出雲大社（図中●15）―大山祇神社（図中●17）―石鎚山（図中●12）

葦原中国を治めた大国主命と、常世の国を治める伊邪那美命が、神人界である瀬戸内海を介してつながることで、葦原中国と常世の国が統合することになる。この２つのラインは石鎚山を支点に交差する。つまり、石土毘古命のもつ石（魂）のご神力により、目に見える世界（物質世界）と目に見えない世界（想念世界）の共存が可能となるのである。石鎚山山頂には、奥宮となる頂上社があり、３体のご神像が祀られている。石土毘古命がもつ御神徳を３つに分け、それぞれ左から順に、荒魂、和魂、奇魂の御神像が鎮座されている。そして御神像に触れながら祈り願うことができるのである。このように、一般の人々が御神像を実際に目にし、触れることができる神社は日本全国の中でここだけである。現世で精進し昇華した魂を石鎚の神さまに見ていただくのである。しかし、神さまの導きがなければこの機会に恵まれることはない。神人が持つ美しく磨き上げた魂を奉納することで、神さまと人が共に願う世界を人類は手に入れることになる。

これらの岩戸開きによって、高天原と葦原中国と常世国が統合することで、神と自然と人間（魂）の統合も可能となるのである。

鳴門の仕組み

〇陰陽の融合

『日月神示』に「鳴り成りて岩戸ひらける鳴門の仕組」とある。次に、岩戸開きに必要な鳴門の仕組みにより、神の経綸成就が進むことを見てみる。

淡路島と四国（阿波国）とをつなぐ鳴門海峡が、鳴門の仕組みを表す場所

になる。鳴門の渦潮によりぐるぐると渦巻くことで、陰陽が融け合い結ばれる。スの神さまが地球を創る際に、日本国土に表した神の意図がここに見られる。（第16図）融合とは、融け合い共存することを意味する。鳴門海峡の渦潮が渦巻くことで、淡路島にいる伊邪那岐命と四国（常世の国）にいる伊邪那美命が鳴り成りて融け合う。つまり男神と女神の融合が起きる。この2神が復縁、統合することで、男女それぞれの働きが正しく成され、互いに補い合い、高め合いながら、男女揃って完全なるものを生み出すことができるようになる。このことが、鳴門海峡を中心に東側にある神界（陽）と西側にある神界（陰）の各界にいる神々の融合へとつながっていく。

　スの神さまは、陰陽の関係で宇宙を創り、互いに影響し合うことで物事を生み育むことができるように創っている。表裏一体、陰陽の関係性にあるものは、もともと2つに分かれてこの世に存在している。鳴門の仕組みによりこれらが融合することは、分離の世界から統合の世界へと変化する、地球全体の進化となり得るのである。

3. 三千世界の循環

循環の法則

　富士の仕組みにより、三千世界の境界線がなくなり、全てがつながり融合することになる。また鳴門の仕組みにより陰陽の法則が復活し、三千世界が正しく循環し始める。地球は原因結果、陰陽の法則、循環の法則にしたがって動いている。

　次に、循環の法則について詳しく見ていく。天界、神界（陰陽）、地上界（地球と日本国土）、神人界、人間界が融合された三千世界の中では、あらゆるものが循環する。第6章で述べたように、自然界は、火や水の循環により

存続している。また地球上の生物は、この地に生まれ死んで土に還ることを繰り返し行い、肉体は滅びるが、その種や遺伝子を残すことで命をつないでいる。そして想念世界においても、目に見えない魂が輪廻転生を繰り返し、この世とあの世を行き来しながら循環しているのである。

　自然界における水の循環は、人の人生に似ている。豊雲野神（空の神さま）は瀬織津姫の母となる。母から生まれた赤ちゃんのような雨粒は、山の頂に降り、滝となり渓流となり、小さな川から次第に大きな川へと変化していく。時を経て様々な経験をしながら、大きな川へと成長し、広大な海原へとたどり着くことができる。小さい世界から果てしなく広がる世界へと旅立つときが一人前の大人になるときである。そこから穏やかな波のように平穏な日々を過ごしたり、時に荒波にもまれたりしながら、大きな世界の中で力強く生きていく。そしてこの世での命を終えると、水蒸気となり空へと昇り母なる雲へと還って行くのである。小さな雨粒が川となり海となる過程で、滝や川、海にいる祓戸大神の働きを受け、禊を行いこころの穢れを祓いながら、留まることなく流れゆく川の流れに身を任せ、魂を磨きながら生きている。このように雨粒として生まれ、大海に流れ着き、蒸発して空へ昇るという水の循環を、人の一生に例えることができる。これは自然の摂理であり、誰一人としてこの流れに逆らうことはできない。

三千世界における魂の循環

　ここでは、日本国土に表される三千世界を、人間の魂がいかに循環していくかを詳しく見ていく。魂の循環ルートを第16図中の矢印Aで表している。人間の魂は、この世に誕生するとき、まず人間界に生まれ落ち、人間界エリアである日向国から人生の航海を始める。目に見える地上界（山陽ルート）、自然や物質世界の中で様々な経験をし、魂を成長させながら瀬戸内海（全ての世界とつながる）において航海を進めていく。その間に魂は罪穢れを負う。

ここで、自己を省みることなく罪穢れから目を背けながら生きる者は、その罪穢れを根の国に追いやり、目に見えない想念世界に気づくことなく、物質世界のみを信じながら航海を続けることになる。また、罪穢れに囚われ苦しむ者は、罪穢れをまとった魂で根の国に降り立ち、黄泉国へ入るが、魂の罪穢れを祓い清めることができず、苦しみから抜け出すことができない。そのような自身の心の有りようが、黄泉国を地獄と捉えることになり、まさに生き地獄の中、人生を歩むことになる。

　一方、自省し魂を磨く努力を行う者は、鳴門の右回りの渦に乗り、根の国に降り立つ。そして魂の修行の場に入り、魂を磨き続けることになる。地に足をつけ、日常生活を生きる中で、苦しみを楽しみに、悲しみを喜びに変えることができる心、我欲我執を無くし利他愛を育て、愛でいっぱいの広い心を手に入れるために精進するのである。伊邪那美命が治める黄泉国は母の国である。苦しみを乗り越えながら、自分の弱さや悪や自己中心的な欲や煩悩を消していくことになるが、魂を育てるために必要なものは愛である。つまり伊邪那美命の母性愛が魂を育てるために必要なのである。苦しみを乗り越えた先にある愛に気づくことで、仏のような慈悲深い人間になることができる。しかし、仏人になることができないと、黄泉国で修行を続けることになる。また、仏は神に包括されており、仏の道は神の道へ続くものであることから、仏人になることが最終ではなく、仏人の先にはさらに神人となる道が続いているのである。

　魂を磨く努力を惜しまず、精進し続けると、伊予国である神人界に入ることができる。すると神の存在に気づき、神の声を聞くことができるようになる。そして愛比売命の愛の力により自己の愛を広げることができ、自己愛が利他愛に変わっていく。さらに神に近づくために、様々な課題をクリアし、魂を磨き上げ、神人になることができると、伊予川（現在の重信川）の河口から再び航海に出ることになる。目指す先は、神界（陽）である。神人と

なっているので、ここからの航海は神さまと共に進むことになる。神さまから与えられた己の使命を知り、世のため人のために生きる人生を歩むことになる。したがって、与えられる課題は困難なものであるが、神さまの導きや協力を受けながら、喜びと共に航海することができる。

神人による神界の統合

　ここから、再び航海に出た神人が、完全なる世界を目指し進んでいくことを伝える。

「熟田津に　船乗りせんと　月待てば　潮もかなひぬ　今は漕ぎ出でな」

　これは、額田 王が詠んだとされる有名な歌である。様々な解釈がなされているが、ここでは、時を超えた今、神人の船出に贈られる歌として解釈したい。熟田津は、先に述べた重信川（旧伊予川）の河口である。天山のそばを流れる小野川が石手川と合流し、さらに重信川と合流し、海へと続いている。神界（陰）において鍵となる天山とつながることから、重信川河口を船出の場所と考えることができる。また、この歌にある「熟田津」「月」「潮」という字から、熟れた田は稲が実り収穫の時が来たこと、また田の神である愛比売命や谷上山にいる月読命、潮の流れを生む海神の女神たちとつながることを読み取ることができる。このことから、伊予国にいる女神たちの力が揃い、神の経綸成就を目指し、出航する時が来たことを祝う歌、航海の無事を祈る歌として解釈したい。こうして神人となった人間は、それまでに出会った神界（陰）の女神たちと共に、神の経綸成就を目指して航海に出るのである。

　神人は、母なる神である伊邪那美命、黄泉がえりの力をもつ月の女神、愛の女神である愛比売命、また瀬織津姫や天櫛真知命といった女神たちと出会い、天山から川の流れと共に河口へたどり着き、船に乗り込む。そして綿津見大神の娘である玉依姫（竜宮の乙姫）が潮の流れを使って舵を取る役目を

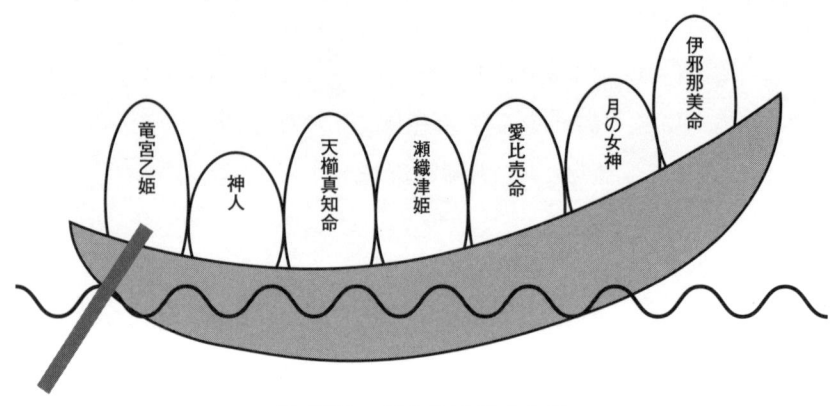

第17図　統合を目指す女神

担い出航する。巫女的神である竜宮の乙姫がもつ異界のものと融合する力に助けられ、航海することになる。瀬戸内海の中央にある大三島を通り、地上界（物質世界）と神界（陰）〈想念世界〉の中道を進んで行くのである。その中で、根の国、神界、自然界、人間界が、結ばれつながることになる。そして次は鳴門の左回りの渦に乗り、鳴り成りて、神界の入り口（淀川河口）にたどり着き、神界（陽）を目指す。

　このように、人の魂が人間界から神界へとたどり着くまでに、鳴門の渦の流れに2度乗る。1度目は、自らの罪穢れに向き合い、想念世界に目覚め魂の修行に入るときであり、このとき右回りの渦に乗る。そして2度目は、魂が昇華し神人となったあと、魂の片割れとの統合を目指すため神界に向かうときであり、このときは左回りの渦に乗る。

　神人に与えられた課題は、魂の片割れと出会い完全なる魂になることである。これは陰陽の統合を表している。人は生まれたときから片割れである魂を探し求めている。ツインソウルであり、赤い糸で結ばれた運命の人に出会うことが、魂にとって、この上ない喜びを感じることができる幸せなのである。これが神さまからの最高のごほうびになる。余談であるが、「君の名

は。」というアニメの映画作品が大ヒットした。大ヒットの裏には必ず神懸かりがある。多くの人の心に響くということは、真理なのである。運命の人を探しているという感覚は、全人類が無意識に持っている魂の記憶なのである。

　こうして、神界への入り口にたどり着いた神人は、淀川を上っていく。そして陽の神界エリアを流れる天野川と淀川の合流地点にある三島江にて、片割れと出会い陰陽一つとなった魂は、真の光を得て最終地点である琵琶湖（水の女神の根源水）にたどり着く。ここは統合を果たし一つになった魂が行き着く場所であり、魂の桃源郷になる。琵琶湖は淡水、生命の水、清水であり、日本最大の真名井となる。琵琶湖にたどり着いた魂は、芸能の神さまである弁才天の力により、天から与えられた才能に目覚めることができる。そして自分に与えられた才能をフルに使い、神さまの想いをこの世に表しながら生きていく。弁才天は神仏習合により祀られるようになった女神であるが、本来は宗像三女神の一神である市杵島姫命のことであり、琵琶湖に浮かぶ竹生島に鎮座する女神である。困難や苦労を厭わず、与えられた課題に取り組みながら真摯に生きていると、市杵島姫命の助けや導きを得ることができ、神と共に生きることができるようになる。神の力を得るということは、神の喜びを得ること、心が喜びで満たされる幸せを手に入れることになるのである。

神人による天界の統合

　神界において陰陽の統合を行った神人が次に目指す場所が天界となる。人間の生活圏である自然界を、目に見える物質世界と目に見えない想念世界が共存する神界と考えると、天空や地球内部など、人間が生活できない自然界は天界となる。第6章の日本の国生みで述べたが、琵琶湖と淡路島が同じ形で対をなしていることから、琵琶湖の地が飛び出て淡路島になったとする説

があり、これは地の神である国常立神と空の神である豊雲野神の2神の働きによって成されたと考えることができる。淡路島（大地）と琵琶湖（水）は裏表の関係であり、天界（地下）の国常立大神（大地）と天界（空）の豊雲野大神（雲）も裏表の関係になる。そこで完全なる魂となった神人は、裏表となる天界（空と地下）の統合を図ることになる。天界の統合を目指す道は第16図中の矢印Bになる。

　完全なる魂となった神人は、まず天界（地下）を目指す。琵琶湖から淀川の流れに乗り海に出た後、紀伊半島の沿岸に沿って南下し、地の神が鎮座する天界エリア（地下）の熊野へ入っていく。

　ここで、伊邪那美命と火之迦具土神の黄泉がえりにより、水と火という陰陽揃った形で火の神の力を得ることができると、魂は我欲や怒りといった煩悩の火を沈め祓うことができるようになる。次に熊野三社にて、地球内部より地のエネルギーの恩恵を日本国土に与えるという役目を担う熊野坐大神の力を得る。そして玉置神社（祭神は国常立大神、伊邪那岐命、伊邪那美命）にて、国常立大神の地の力を得ることができる。内なる太陽でもある国常立神に会い、火の光を頂くことで、太陽と月の陰陽揃った真の光に、内なる太陽の火の光が加わった完全なる光を手に入れることになる。内なる大きなエネルギーを得た神人たちは、神さまの願いを叶えるという使命を胸に抱き、情熱の炎を灯しながら、神人が目指す最終地点である陽の神界エリアの中心にある三輪山、大和三山が点在する大和の地へ到着するのである。

　大和三山の一つである天香具山には3つの神社がある。山頂にある国常立神社には国常立神と高龗神、山の北麓にある天香具山神社には櫛真智命神、南麓にある天岩戸神社には天照大御神が祀られている。神人による陰陽の統合が行われることで、天香具山は片割れである伊予国の天山と一つになり、また、国常立神と高龗神のもつ火の循環と水の循環も正されることになる。こうして地球上において陰陽の法則と循環の法則が復活し、地球は本来の法

則に則りながら回り始めるのである。日月火の3つの力が揃った完全なる光により、天岩戸に隠れている真性天照大御神（太陽神）が姿を現すことになる。つまり神人たちは、天界（空と地下）エリアの神々の統合を果たし、さらに宇宙にいる太陽神とスの神さまへつながることができるのである。

　以上、魂が昇華することで得ることができる各界の神々の力を見てきた。この世に生まれ落ちた魂は、人間界、地上界、神人界、神界、天界へと続く道を歩み続けていること、神さまと共に生きる神人を目指し、魂は循環していることを述べてきた。次に、神人たちが天界の統合を果たしたことで、岩戸開きが完成することを見ていく。

4．岩戸開きの完成

神武東征の完成

　神人となった人間による天の岩戸開きや三千世界の統合により、第7章で述べた5つの岩戸閉めで封印された神々が復活していくことがわかる。この神人が印した道が、神と融け合う人間本来のあるべき姿となるまでの過程であり、完全なる神武東征になる。天孫降臨の地である日向国（人間界）を出発し、三千世界において陰陽、循環の法則に則りながら、もう一つの天孫降臨の地である大和国（神界）にたどり着く。つまり日向国の邇邇芸命（ににぎのみこと）と大和国の饒速日命（にぎはやひのみこと）の兄弟神が揃うことになる。このことは、人間が、神界である大和を支配したのではなく、神さまと人間が共に生きる神人になり、それぞれの神がもつ三種の神器と十種の神宝を手に入れることで、地球全体を治め平和な世界にすることができるということになる。つまり、人間の祖である神武天皇が行う真の神武東征が完成されるのである。

　不完全な神武東征では、地下である闇の中に存在する八咫烏の先導のもと、

大和を征服したとあるが、真の神武東征では、日月の光で照らされ青い鳥となった八咫烏の先導のもと歩を進め、さらに内なる太陽の火を得たことから、火の鳥となった八咫烏と共に、神界、天界へたどり着くことになる。神の世界へ入ることができた神人の魂と共に神の光を手に入れた八咫烏は、光り輝く金の鳥となり、人間を導きながら天界よりさらに上にある天上界（宇宙）へ、向かうのである。

須佐之男命の地球支配

　三千世界の統合が行われる過程で、各界が融け合い、共存可能となる。これまで櫛名田比売命と共に根の国を治めていた須佐之男命は、地球の陸のみの統治を行っていた。しかし三千世界の岩戸開きにより、海（瀬戸内海）を介して、常世国と地上界が統合されたことは、須佐之男命（陸と海の神）と大国主命（日本国土神）が協力して、葦原中国を治めることができることを示唆している。つまり須佐之男命は、未完成であった海原の統治を行い、父、伊邪那岐命から与えられた任務を果たすことになる。悪神として根の国に追いやられ、岩戸閉めの一つとなっていた須佐之男命は、出雲国の沖に浮かぶ隠岐の島に戻り、大陸と海原の全てを含む全地球を統治する神となるのである。

宗像三女神

　須佐之男命の地球統治において、活躍するのが宗像三女神となる。『古事記』『日本書紀』によれば、田心姫神、湍津姫神、市杵島姫神の三女神は、天照大神と須佐之男命の誓約のもとに誕生した女神たちである。天照皇大神の神勅によって、大陸との交通の要路にあたる「海北道中」（宗像より朝鮮半島に向かう古代海路）に降臨したとされる神である。田心姫神は沖津宮、湍津姫神は中津宮、市杵島姫神は辺津宮に祀られており、この三宮を総称し

て宗像大社とされている。またの名を「道主貴」とされ、「貴」とは最も高貴な神に贈られる尊称であり、『日本書紀』には宗像三女神が「道主貴」、すなわち国民のあらゆる道をお導きになる最も尊い神として崇敬を受けたことが記されている。道主貴（宗像三女神）以外に「貴」が付く神は、伊勢神宮の大日靈貴（天照皇大神）、出雲大社の大己貴（大国主命）のみであることから、宗像三女神が皇室をはじめ、人々からいかに篤い崇敬を受けていたかがうかがえる[10]。

　そしてこれから起きるであろう、神の国日本を存続させてきた皇室の復活、また天照皇大神を崇め祀る天皇制の復活に向けて、宗像三女神の御力が発揮されることになる。6つめの岩戸閉めである天皇の人間宣言を撤回し、日本国の真神道の道を世界へ伝えていくことになるのである。2017年7月に「神宿る島」宗像・沖ノ島と関連遺産群が全て世界遺産に登録されたことは、神さまの計らいであり、神界・人間界において大きな意味をなしている。

　また、世界遺産に登録されている安芸の宮島にある厳島神社の祭神も宗像三女神となっている。弥山山頂付近にひっそりと建つ御山神社の本殿裏に磐と木が合わさった磐座があり、ここに三女神が降臨する。そこは瀬戸内海の島々、遠くには四国連山といった絶景を眺めることができる美しい場所である。また、弥山山頂にある霊火堂では、弘法大師空海が焚いた護摩の火が1200年経った今もなお、守られ灯し続けられている。この「消えずの火」は平和記念公園の「平和の灯」の種火ともなっている。つまり、世界で唯一原子爆弾が投下された広島には、人類が歩むべき平和の道を示す役目が与えられているのである。神の斎く島である宮島は、世界平和を願う聖地であり、この地から世界に向けて神の国日本の存在と日本神道の真の価値を発信していくよう導き続けているのが、宗像三女神になる。

宗像三女神と女性性

　三千世界の完成とは、地球という星において、陰陽の統合がなされ自然の摂理が正され、分離の世界から統合の世界へ移行することである。次に人間界で起きる陰陽の統合、つまり男女の統合について詳しく見ていく。

　まず、天照大御神から直接神勅を受け降臨した神は邇邇芸命と宗像三女神のみであるということについて考えてみる。宇宙創造神は、人間を男女に分けてこの世に降ろすとき、邇邇芸命を男性性と地球に生きる人間の象徴として、また宗像三女神を女性性と宇宙に生きる人間の象徴として、この地に降ろした。そして男女の統合を目指し、完成された真の人間になるという課題を人類に与えたのである。

　神武東征の完成では、天孫降臨した邇邇芸命と饒速日命により、神と共に生きる神人の完成を果たすと述べた。太陽族である神々は、月族である女神たちの力を得ながら人間本来の姿である神人となることができる。地球に生きる人間として、完成を果たし男性性を発揮することが可能となるのである。そして陰陽揃った人間は、さらなる段階である宇宙に生きる人間へと進化することが求められる。ここで地球から無限に広がる宇宙（天上界）へとつながるために人類を導くのが、宗像三女神になる。

・宗像三女神

〈市杵島姫命〉

　先にも述べたが、芸能の神さまである弁才天として祀られている女神であり、魂の桃源郷である琵琶湖にも鎮座している。神人となる過程で、自分に与えられた使命を知り、授かった才能をフルに活用し世のため人のために生きていくよう人々を導いている女神である。三女神の中で最も身近で、地球上（物質世界）とのつながりが強い神さまである。この女神のもつ巫女的な働きにより、現実世界で神さまと出会い、神さまの声を聞きながら生きる神人となると、市杵島姫を祀る宗像大社辺津宮へとつながる。

〈湍津姫命〉

　市杵島姫の導きにより、現実世界で自分と向き合い使命を全うしながら生きる神人となった男女を、さらに想念世界にて結び付ける女神が湍津姫になる。この女神は宗像市沖に浮かぶ大島に鎮座している。それぞれの人生の中で個人の世界を広げながら生きていると、この女神の導きにより、神人となった男女は結ばれることができる。宗像大社中津宮には、そこを流れる天ノ川を挟み、左右に織女社と牽牛社があり、七夕伝説の発祥の地として、男女の出会いが叶えられる聖地となっている。湍津姫の導きにより、想念世界において、男女は出会い融合することが許されるのである。

〈田心姫命〉

　完全なる女性性を表す女神である。この女神が鎮座する沖津宮がある沖ノ島が、世界遺産に選ばれた神坐す島になる。何人も自由に入ることは許されない女人禁制の島である。島自体がご神体となっており、女性性そのものであるとされている。海水にて禊を行い、心身を清めた男たちのみが上陸し神事を行うことが許され、国宝級の膨大な宝物がこの女神に捧げられてきた。古代より島の中央に鎮座する巨石群を祀る磐座信仰となっており、まさに日本神道の聖地である。完全なる女性性をもつ女神と交わることで、女神の力を得ることを願う祈りであったと思われる。つまり、宇宙創造神が人類に与えた課題である、男性性と女性性の統合・融合が現実化するよう導いているのが、田心姫命となるのである。

　完全なる男性性が目覚めた男と完全なる女性性をもつ女が交わることが可能となるとき、人は宇宙に生きる人間へと進化を遂げることになる。神と人が融合する最終地点である沖津宮に鎮座する田心姫命の御力を得ることができた男女は、完全なる神人として、愛と真からなる光のエネルギーを宇宙に放ち始めるのである。

神の経綸成就の年

　以上、この章で見てきたように、6つの岩戸閉めが一度に開く岩戸開きが行われ、三千世界の統合が果たされると、全ての世界が共存可能となり、神が仕組んだ宇宙の摂理が明らかとなる。神話や史実を日本の地形と照らし合わせながら、神の経綸を明らかにしてきた。実際にある場所は目に見える物質世界であり、神のいる世界は目に見えない想念世界である。宇宙を創り、地球を創り、人類を創った神の意図を表した日本国土を、物質と想念の両方から捉え直すことで、三千世界の完成の道が見えてくる。このように神の意図が表された第16図の日本地図は、神の経綸成就へ人類を導くための道標であり、「本当の幸せ」という宝探しの地図になる。

　近年、真の天岩戸開きが近づくにつれ、あらゆる真実が明るみに出てきている。その前段階として、2013年は、伊勢神宮と出雲大社が揃って60年ぶりに遷宮を迎える記念すべき年となった。このことは、人智で作り変えた人間界に存在する偽りの天照大御神をはじめとする神々が、大国主命の「縁結び」というご神徳により、本来の場所である天界、神界に戻ったことを意味している。

　また四国遍路において、2016年の閏年は、逆から左回りに巡拝する逆打ち遍路の年であった。「生まれ変わる」とか「死者に会える」ともいわれる逆打ちの年であり、さらには60年に一度の丙申（ひのえさる）の年でもあった。丙申の年に逆打ちでお遍路すると弘法大師に巡り合えたとの言い伝えがあることからも、2016年は四国に眠る神々が蘇る、神の経綸成就の年であったといえる。

　2016年以降、全てが明るみに出始め、悪は滅びることになる。我欲我執、権威や名声のための悪事、拝金主義などによって汚れ切った魂は滅び、加速度を増して悪事は一掃され、自分の魂の磨き具合によって、ふるいにかけられることになる。そして酉年である2017年は大トリの年であり、経綸成就

が完成する年となり、その後、現実世界においても具現化していくようになる。自分の身に起きることを神さまからの警告と捉え、自分の罪を詫び、魂を磨く努力をしなければいけない。神さまの存在を心から信じ、神さまに任せることができる素直さや謙虚さが必要になる。信じるものは救われるのである。

第10章 神仕組みの話

　　　神の経綸成就に関わる神々を、天界、神界、地上界、神人界、人間界において見てきた。隠された神々たちは、真の神の道を示すため、人類を導き続けている。たった一人の本当の神さまであるスの神さまを中心に、あらゆる神々が対となり、働いている。太陽と月、空と地、火と水、山と川、神と人、男と女など、全てのものには陰と陽、表と裏の働きがある。神さまは、もともと一体のものを2つに分けてこの世に送り出している。したがって、どちらか片方だけで物事を捉えようとしても、その本質を理解することはできない。これら陰陽の統合、表裏一体の関係を正すことが、神の経綸成就につながるのである。神さまは宇宙の真理をあらゆる形で人類に伝え続けている。

　　　この章では、語り継がれる説話や昔話に込められた神さまの意図を読み解き、現在進行形で進められている神さまの計画を明らかにする。

1．神さまの導き

昔話や伝説に秘められた神の経綸

　神さまは神策成就を目指し、神さまの意を無意識のうちに人間に伝え、人類を導いている。今なお語り継がれている昔話や伝説は、そういった神さまの意に乗った作品、神作品といえる。悪いことをしたら罰が当たる、良いことも悪いことも自分に返ってくるという因果応報の仕組み、日本昔話に出てくる正直爺さんと意地悪爺さんから学ぶ、人としての正しい行い、アニミズム信仰に基づいた神や自然と人とが共存する世界など、それらは迷信やきれいごとではなく真理であり、人間に気づかせるための神さまの教えとなっている。

　ここでは、神話、伝説、昔話の中で、神の経綸に関係している神作品を、

時代順に見ていく（第18図）。作品に込められた神さまの意を知り、そこに暗示されている神の経綸を読み取っていく。陰陽の関係、天界、神界、地上界、神人界、人間界の関係などから読み解くことで、一貫した神の思いや神業的なつながりを知ることができる。日本人なら誰もが知っている話であり、容易に知り得ることができる内容のものが多いので、ここでは、あらすじは省略し、神の経綸へと続く道筋を明らかにするという視点で見ていく。また5つの岩戸閉めについては、時代の流れを見るために載せている。

【七夕伝説】星神の話

　古代日本からあった「棚機女（たなばたつめ）」信仰と中国の伝説「彦星と織姫」が合わさった話である。棚機女とは、天から降りてくる水神に捧げるための神聖な布を、穢れを知らない女性が「機造りの小屋」にこもって俗世から離れて織るという神事の一つである。棚機女は「鶴の恩返し」に出てくる鶴の姿とも重なる。

　わし座のアルタイルである彦星と、こと座のベガである織姫は星神であり、七夕伝説は星神の話になる。天帝の娘である織姫は、機織りの上手な働き者であり、美しい天の衣を織っている。一方、牛飼いである彦星は、牛の世話をする真面目な働きものである。2人は仕事を疎かにし、愛するようになったため、神さまから罰を受け、天の川を間に離ればなれとなる。神さまからの教えとしては、「楽しいことにのみ、心を奪われてはいけない。真面目に一生懸命働くことが大切である」ということになる。さらにこの話の背景にあるものから次のことが読み取れる。

・スの神さまがお創りになった星には想念があり、星神さまが存在している。
・男の仕事、女の仕事というように、神さまは陰陽の働きをなすために、男女にそれぞれの役割を与えている。
・実際の星空に浮かぶ天の川の東に彦星（アルタイル）、西に織姫（ベガ）

話	時代	男	女
岩戸閉め1	神代	[神] 伊邪那岐（イザナギ）	[神] 伊邪那美（イザナミ）
岩戸閉め2	神代	[神] 天照大御神（太陽） 饒速日命（日）	[神] 月の女神（月） 瀬織津姫（水）
岩戸閉め3	神代	[地球神を追放する] 須佐之男命を根の国へ追いやる	
岩戸閉め4	弥生	[神を人間に変える] 神武天皇を人皇とする	
岩戸閉め5	古墳	[神を仏に変える] 仏教の伝来により、神仏習合となる	
七夕伝説	奈良	[星神] 彦星	[星神] 織姫（天帝の娘）
竹取物語	奈良	[人間]悪 月神の夫になる人間は いない	[星神（月）] かぐや姫
浦島太郎	平安	[人間]善 浦島太郎	[龍神（龍女）] 乙姫
鶴女房 （鶴の恩返し）	江戸	[人間]善 与ひょう	[鶴]動物神 神の化身としての鶴
鶴姫伝説	戦国	[人間] 越智安成	[人間]神人 大祝 鶴
銀河鉄道の夜	昭和	[人間]神人/賢治（兄） ジョバンニ	[人間]神人/トシ（妹） カムパネルラ
青い鳥・許婚	昭和	[人間]主人公 チルチル（兄）	[人間]相手役 ミチル（妹）・ジョイ
プロジェクト79 by GOD	平成	[人間]神人 男	[人間]神人 女

第18図　神仕組みの話

　が位置していることは、同様に、この地に表された天野川の東側に神界（陽）の饒速日命が、そして西側に神界（陰）の瀬織津姫がいるという位置関係を示していることになる。

・棚機女が織った神聖な布を捧げる水神は、陰、月、女を表す神でもあり、

穢れを知らない女性とは、神人のことである。つまり神人となり得る女人が、陰の働きを司る女神たちへ、穢れのない魂を献上することを示唆している。

以上、七夕伝説には、陰陽の統合に関わる神々や神人の存在が、宇宙規模で描かれているのである。

【竹取物語】人間と月神の話

人間と月神との話である。かぐや姫は月に住む「星神」である。人間界にやって来た月神は、人間界にて、結ばれるに値する男性を探すが、うそをつく人間、権力にもの言わせる人間の中に、月神と結ばれる人間はいなかった。善人であった翁も、かぐや姫を思うあまり欲深くなってしまった。物思いにふけり、月へ帰りたいと思うようになったかぐや姫のもとへ、月から迎えが来て、かぐや姫は天の羽衣（負の感情にとらわれない、無心になれるといわれる）を身にまとい、月へと帰っていく。この時代には、神と共に生きる人間（神人）は存在しないことを示唆している。

【浦島太郎】人間と海神の話

この話は、『丹後国風土記』の伝説がもとになっており、天界エリアにある丹後半島がゆかりの地となっている。この話の中では、亀の存在が象徴的である。古代中国の思想では、四神の一つ北方の神である玄武という亀は、北にある冥界と現世を往来できると信じられていた。つまり浦島太郎は、人間界と神界を往来できる亀に乗って乙姫さまのいる竜宮城へ招かれる。人間界から神界へ行くことができる人間とは、いじめられている亀を助けるといった、心優しい人間ということになる。

そして神界の3年が現界の300年となっており、神界と人間界における時間の違いが描かれている。竜宮の乙姫さまは、異なる次元の人間界と神界を

つなぐ秘密が入った玉手箱を、浦島太郎に渡す。神（自然）と人間という異界のものを結ぶ巫女的な働きをもつ竜宮の乙姫が渡した玉手箱は、竜宮の乙姫＝玉依姫の御神力を表している。そして乙姫が次元の違う神界と人間界を融合させるために、玉手箱を渡したにもかかわらず、浦島太郎は約束を守ることができず開けてしまった結果、人間界の時間に戻ってしまうのである。このことは、神さまを信じ神との約束を守ることができない人間では、神さまと共に生きることはできないことを示唆している。

【鶴女房】 人間と鶴神

　鶴は神の化身である。部屋を決して覗かないようにと与ひょうと約束をして、自分の身を削りながら、与ひょうのために布を織り続ける姿は、棚機女と重なる。鶴は人間と結ばれることを望む神の思いを表している。真面目で働きものの心優しい与ひょうは神に選ばれたが、女が織る美しい布が高く売れたため、金に目がくらみ欲を持ってしまった。そして約束を守れなかったことから、鶴は与ひょうのもとを去っていく。浦島太郎と同じく、人間と神は結ばれなかったのである。神の化身が鶴（動物）であることから、海神であった乙姫さまより人間界に近い姿となって神が現れている。

【鶴姫伝説】 人間と神人

　愛媛県の大三島で見つかった、小さい鎧（よろい）から生まれた伝説である。鶴姫とは大山祇神社大宮司職の娘である大祝鶴（おおほうりつる）のことで、戦国時代に伊予にいたとされる伝承的女性である。『大祝家記』によれば、力量、体つきも優れ、男子も及ばぬほどの勇気を備え、三島明神の化身ではないかと言われた鶴姫は、戦死した兄に代わって出陣し、2度にわたり見事敵軍を追い払ったとされる。しかし3度目、多勢で仕掛けてきた敵軍を迎え撃つも、多くの犠牲が出て、鶴姫の右腕で恋人でもあった越智安成も討ち死にした。それでも鶴姫

は残存兵力を集結し、とうとう敵軍を大三島から追い出した。三島明神を守ることはできたが、戦死した安成を想う鶴姫は、沖合へ漕ぎ出し入水自殺して18歳で生涯を終えたと伝わる[11]。神の化身である鶴という名をもち、日本総鎮守の神である三島明神（山の神さま）の神力を得た鶴姫は、神のご加護のもと、神を守るために戦ったのである。

　この伝説は、人間と神懸かった人間（神人）との悲話である。神人界エリアの中心地における鶴姫伝説は、小説『海と女と鎧：瀬戸内のジャンヌ・ダルク』が1966年に刊行されて以来、徐々に世に知られていくこととなる。1993年にテレビドラマ化され全国的に知られることになり、2009年以降、地元の劇場にてミュージカルがロングラン公演されるなど、知名度が上昇している。実在性のほどはわからないが、全国的に知られるようになったという事実に、神の意図を見出すことができる。この伝説は神の経綸に関わる神作品といえる。

【宮沢賢治の神作品】神人と神人

　男女陰陽の関係で見ると、賢治の相手は妹のトシである。賢治はトシと共に宇宙神の存在に気づき、神さまの声を聞くことができた人間であった。そして神の真理を詩や童話という形で残すことができた。

『銀河鉄道の夜』は、人間の魂は生きている間に精進昇華していくこと、それぞれの魂のレベルによって、この世を終えた後に魂が帰る場所が違うといった真理を童話の中で描いている。ジョバンニが本当の幸せを見つけようと心に決めたところで終わっており、本当の幸せとは何かという答えは作品に描かれていない。つまり未完成で終わっている。賢治は37歳、トシは24歳という若さで病死している。おそらく2人がもっと長生きしていれば、その答えにたどり着くことができたであろう。しかしその答えは神の経綸成就に向けて、次世代へと受け継がれるのである。

【青い鳥】

　ここで宮沢賢治やトシにも影響を与えたとされる、彼らと同時期に生きたメーテルリンク（フランスの作家）の代表作である『青い鳥』（メーテルリンク著　堀口大學　訳／新潮文庫）について述べておく。チルチルとミチルの兄妹が、病気の少女のために幸せの青い鳥を夢の中で探す話である。子ども向けの有名な童話であるが、原作を見ると、真理を含んだ、とても深い意味のある大人向けの作品であることがわかる。「人は何かしら運命を持って生まれてくる」「母の愛の喜びを知ることが幸せである」「幸福とは自分のためだけでなく、他人のために求めるとき、はかりしれなく大きくなる」など、神の教えが込められている。結局、兄妹は青い鳥を見つけることができずに帰るが、家に帰ったのち、チルチルが飼っていた鳥が青くなっていることに気づき、その鳥をあげることで病気の娘は元気になるのである。そして原作では、その後、餌をあげるときにその青い鳥が逃げてしまう。泣き叫ぶ少女にチルチルは「いいよ。泣くんじゃないよ。ぼくまたつかまえてあげるからね」と言い、「どなたかあの鳥を見つけた方は、どうぞぼくたちに返してください。ぼくたち、幸福に暮すために、いつかきっとあの鳥がいりようになるでしょうから」と続けて言うところで終わっている。

　そして9年後に続編『チルチルの青春』あるいは『許婚（いいなづけ）』という題名の作品をメーテルリンクが書いていることはあまり知られていない。16歳になったチルチルが、夢の中で本当の相手を見つける話となっており、チルチルが選んだ6人の女性の候補者と、どこからかやってきた一人の女性と一緒に、光と運命と共に旅をする話である。最後の一人はチルチルが思い出すことができないために、最後まで一切口をきくことができない。しかし未来の世界へ行き、チルチルの未来の子どもたちに母親を選ばせたときに、その女性を選んだことで、本当の相手がその女性であることがわかるのである。そして『青い鳥』と同様、夢から覚めた後、チルチルの家を訪ね

てきた女性が、かつて青い鳥をあげた病気の少女ジョイであることを思い出し、本当の相手と出会うことになるのである。少女の名前をジョイ＝喜びとしているところにも、神さまの想いを見て取ることができる。

　つまり、宮沢賢治と同様、神の意に乗り作品を書いていたメーテルリンクは、共に20世紀前半に生き、リアルタイムでリンクしていたと言える。そして彼らの成し得たことは、神の経綸成就の一環である。兄妹で探す幸せから運命の相手と共に探す幸せへと進化すること、運命の相手と共に見つける幸せが世界全体の本当の幸せであることを示唆している。スの神さまは、今からちょうど100年前の20世紀に、選ばれし人間を介して童話という形で、神の経綸を人々に伝えているのである。

　天岩戸閉めの神話から始まり、神の経綸に関わる神作品は、いずれも神や人が結ばれることはなく、ハッピーエンドで完結しているものはない。現在進行形の最後の神策により、天界、神界、人間界において統合を果たし、現代神話が完成するかどうかで、地球や人類の未来が決まる。

　次に、最後のチャンスとなる人類救済のための現代神話について見ていく。

２．現代神話

プロジェクト79 by GOD Ⅰ

　禁断の果実を食べた人間はそれ以来、自然の掟に背く生き方をするようになった。しかし神さまはご自身が創った、愛する人間を見捨てることはしない。人間が犯した罪（原罪）を旧約聖書に示した。ブッダに厳しい修行の末に手にすることができる幸せを教えた。そしてキリストに愛することの幸せを教えた。それらを今なお、普遍なるものとして、人類に伝え続けている。

真理でないもの、受け入れられないものは消えて行く。永遠に残るもの、変わらないものは真理である。そういうものはそれほど多くはない。人類共通に受け入れられるものが存在するということは、世界中の人類に共通の感覚、人間感覚があるということになる。それが何かというと、無意識の中にある人類共通の記憶である。これは人間である限り、みんな持っているものである。皆自分の脳を介して人類共通の記憶とリンクできる。そういう意味でも、世界中の人類はつながっているといえる。

しかし、愛を伝え続けているにもかかわらず、現実は、神さまを信じ、祈りを捧げているものが、戦争をして殺し合っている。人間はいつまでたっても、神さまの願いを本当には理解できない。当然である。なぜなら人間は神さまではないからである。しかし神さまはそれを本当に理解させるために、そして創ったときの人間本来の姿に戻すために、人間が自然界から追放されてから今日に至るまで、そのための計画をたてて実践している。そしてこの計画が明るみに出る時がやって来た。人類は神さまの願いを正しく理解できる人間へと進化しようとしているのである。

21世紀「プロジェクト79 by GOD」が実行される場所は日本である。人間本来のあるべき姿に最も近づいている日本人が行うのである。このことはすでに100年前に宮沢賢治という人間を通して作品を書かせ、人類に伝えている。神さまは、人間の無意識に想いを送ること（神のお告げ）によって、人間を簡単に操作できる。自分の思い通りに自然界を操作できる。風、雨、雪といった天候も、動物、植物といった生物も、自然全てを思い通りにできるのである。しかし、神さまは絶大なる愛を与え続けていて、人間に課す苦しみも悲しみも、全て人間に必要なものであり、それは神さまの愛の証なのである。

真理は、すでに伝えられている。世界には多くの宗教があり、共通の教えがある。多くの人々が信仰している宗教ほど、真理を伝えているにもかかわ

らず、人間は神さまの教えを正しく解釈できず、人間レベルでしか理解できないために、人類は、平和な世界とは程遠い世界に生きている。ただしこれは自然な流れであり、神さまにとっては計画通りである。現在科学的に進歩し、あらゆるものが実証され、人間は地球や自然について多くのことがわかるようになった。また、魂が何度も生まれ変わりを繰り返し、それらの記憶を貯めていき、厚い記憶を持った人類の魂レベルとなる進化を遂げて、精神世界にも科学的見解が可能な土壌ができつつあるといえる。つまり、このプロジェクトを実行させる時が来たのである。

　この神さまの考えを伝える使命を負うものは、時空を超え、様々な形で存在する。その中でもツインソウルとして、ペアで行うことを課せられた魂は、それぞれの時代の中で、形を変えながら、生まれ変わりを繰り返している。選ばれた2つの魂はその使命を負い、人生をかけて神さまの願いを叶えるという、大きな夢の実現の一端を担うのである。その受け継がれた夢の実現を可能にしようとしている今世の2人とは、どのような人間なのか。

　その使命を負うよう選ばれたものには、多くの苦しみや悲しみが与えられる。天の仕事をするのにふさわしい人間になるためである。必要な素質としては、素直、正直、真面目、努力家などがある。この素質でもって、与えられる様々な困難にくじけず立ち向かい、自分を変えていき、神さまに近づき、本来あるべき姿の人間になるのである。内面で行われる自己改革の努力を惜しまなければ、様々な形で神さまは救いの手や道標を与えてくれる。また、自己内のものを外に発信するための手段が必要で、そのために才能が与えられる。

　そうして神さまに選ばれた人間の一人が宮沢賢治である。彼は作家としての才能が与えられていた。賢治の作品には神さまの考えが入っている。賢治が遺した詩集・童話といった作品には、人間本来のあるべき姿に近づこうと生きた賢治の魂を介して受け取った神さまの言葉が入っている。あるいは賢

治の精神性の高さゆえに、彼は神さまの考えを内なる声として聞き表現できたと言える。彼のもつ神性により、無意識的記憶倉庫に入っている神さまの考えに出会えたのである。つまり賢治の作品に触れても、彼の魂のレベルに達しないと本当には理解できない。賢治ほどの魂のレベルに達する人間は稀有である。今の人類の魂レベルでは到底理解できるものではないので、賢治の作品は100年経った今でも色あせず、神々しい輝きを放っているのである。

また彼のパートナーは、妹のトシである。ツインソウルの男女の役割として、女には、神さまの考えを理解できる、感じられる才能が与えられ、男には、それを外に発信する才能が与えられる。そして共同作業で行わせるのである。『銀河鉄道の夜』のジョバンニが探し求める「ほんたうの幸ひ」「たったひとりの神さま」とは何かという答えを、賢治やトシは見出そうとしていたが、作品として表現することなく、未完成のまま生涯を終えた。これらは人類全体に課せられた課題といえる。人類はその答えに到達しなければいけない。そのためにも同じ使命を与えられるツインソウルが新たに生まれ、受け継がれていく。

また余談になるが、今賢治の作品を読んでいるとする。読み手は活字を追いながら、その言葉から様々なイメージを呼び起こしてその人なりの読み方をしている。そのイメージは非常に個人的なものになる。賢治の表現は実に独創的で、読んでいてもイメージが湧かないものが多い。賢治と同じ経験をしていないので、自分の脳はその言葉がもつイメージを持ち合わせていない。一方「あっ、わかる」という感覚をもつときがある。このように本を読んでいるときは、脳内のイメージ化が活発に行われ、想念の活動が中心となっている。ここで無意識的記憶倉庫には神さまの考え、先人たちの知恵など無限大の記憶が入っているとすると、賢治の作品を読んでいるときは、時空の制約を受けない想念世界に入り込んでいることになり、100年前に書かれたものであるにもかかわらず、実はリアルタイムで賢治の想念とリンクしている

ことになる。賢治の作品を読んでいるとき、想念世界では実際に賢治と出会って対話している。つまり、肉体はこの世で本を読んでいるが、魂はあの世で賢治と会っているということが同時に起こっているのである。しかし、それは賢治の魂のレベルに近づいていなければできないのかもしれない。

　さて、神さまからの使命を負った賢治は、この世に多くの作品を残したが、37歳という若さでこの世を去り、探し求めていた「ほんたうの幸ひ」を作品に残すことはできなかった。その使命は来世の人間に受け継がれることになる。このことは「告別」（『宮沢賢治詩集』天沢退二郎編／新潮文庫）という詩の中で、予言されている。

　　もしもおまへが

　　よくきいてくれ

　　ひとりのやさしい娘をおもふやうになるそのとき

　　おまへに無数の影と光の像があらはれる

　　おまへはそれを音にするのだ

　　みんなが町で暮したり

　　一日あそんでゐるときに

　　おまへはひとりであの石原の草を刈る

　　そのさびしさでおまへは音をつくるのだ

　　多くの侮　辱や窮　乏の

　　それらを噛んで歌ふのだ

　　もしも楽器がなかったら

　　いゝかおまへはおれの弟子なのだ

　　ちからのかぎり

　　そらいっぱいの

　　光でできたパイプオルガンを弾くがいゝ

プロジェクト79 by GOD Ⅱ

　賢治たちに与えられた使命を受け継いだと思われる21世紀の2人は、1969年（人類が月面に着陸した年）、同時期にこの日本で別々の場所に生まれた男女である。もちろんお互いに接点はない。それぞれ必要な条件が整った環境の中、子ども時代を過ごし、神さまの思い通りの心根の優しい青年と少女になった。そして青年には音楽の才能が与えられていた。2人は悩み苦しみの多い中で、一生懸命に生きていた。神さまに音楽の才能を与えられた青年は、自然とあふれ出てくる詞を音に乗せ、曲作りを続けた。脳の無意識的領域（神の世界）で行われる曲作りと意識的領域で生きる現実世界との狭間で、青年は苦しんでいた。そんな2人が16歳の頃、青年は誰かも、どこに住んでいるかもわからない一人の少女の姿が目に浮かぶようになる。静かな心で耳を澄ますと、少女の心の声が聞こえるのである。そして2人は夜、夢（無意識）の世界で出会い恋人同士になる。しかし、そのことがわかるのは青年だけで、少女の方は、奥深い無意識の中で出会っている青年のことは、目が覚めると全く意識に残っていないのである。そして青年はその少女は運命の人で、自分はその人のために歌わなければならないという自分の使命を知るのである。

　こうして4年間、夢の中で愛し合った2人に別れが来る。会いたいときには、いつでも少女のそばへ想いを飛ばし、少女の姿や声を聞くことができる青年は、少女が自分の知らない男を好きになり、付き合い出したことを知ってしまう。少女は現実の世界で生きているので、現実の人を好きになることも、付き合うことも自然であった。こうして青年は為す術もなく、彼女を失うという現実に苦しむことになる。彼女を一方的に愛する苦しみ、手に入れられない悲しみを全て歌にして、魂で歌った。そうして現実世界で青年は、シンガーソングライターとして世に送り出されることになった。

　青年の純粋な心から生まれる音楽は多くの人々の心に届き、青年の作る歌

はヒットし、彼は広く知られることになる。彼女へいつか届きますように、彼女がいつか自分の所へ戻ってきますように、という想いを込めて青年は歌を作り、歌い続けた。そんな彼の気持ちを露ほども知らず、彼女は自分の弱さゆえ、不本意に別の男と結婚してしまう。青年は絶望感、挫折感を味わいながらも、無意識の世界で愛し合う2人を信じて、自分の仕事をやり続けた。

　一方少女は、決して気楽な幸せな生活をしているわけではなかった。若さゆえ、未熟さゆえに、彼女が選んだ人生は苦しいものであった。仕事、主婦、子育てと全てにおいて一生懸命していた。自分が選んだ人生だからと弱音を吐くこともせず、精神的に追い込まれても、常に自分が変わらなければという姿勢で、考えたり本を読んだりして、汚い自分、だめな自分、嫌な自分を知り、それを変えていき悩みや問題を解決して、強い心をつくっていった。仕事や子育てをする日常生活の中で、常に疑問を抱き、生きる意味、幸せの意味を見出していった。そしてどんな状況でも感謝し、幸せを感じて生きていた。

　そうして長い年月が過ぎ、2人は35歳になっていた。そんな彼女は、ある日、テレビの中でピアノを弾きながら歌う彼の姿を偶然目にした。なぜだかわからないけれど涙が出てきて、一瞬で彼のことが好きになったのである。それまでに彼の存在を知っていたにもかかわらず、心が反応することはなかった。

　それから彼女は、彼の作る歌を聴き元気をもらい、励まされ頑張ることができた。彼の歌を知ってから、それに比例して実生活の苦しみは増していった。しかし彼の歌に癒されることで、いつしか彼自身が、彼女の心の支えになっていた。

　彼と出会ってから2年近くたったある日、苦しい生活の中でも、ささやかな幸せを感じて生きている彼女に、とうとう神さまが救いの手を差し伸べた。彼女に「彼の相手は、お前だ」というお告げがあったのである。37歳にな

る年の夏の出来事である。それから奇跡が起こり出し、結婚生活が終わる事態に一気に動き始めたのである。彼女は波に押し出されるように、家を出ることになった。彼女はこれをすぐに信じることができず、しかし家を出た彼女はとにかく彼に会いたいと思い、この奇跡が本当かどうか確かめるためにも、彼のいる東京へ一人旅立った。初めての一人旅の道中も、彼女は何かに導かれるように、迷うことなくスムーズに行くことができた。どこに行くべきか、何をするべきか、彼女の頭に常にひらめき続けた。そして東京を観光した。その間、彼女はすぐそばに彼がいる感覚を味わい、一緒に食事をし、お台場で景色を眺め一緒に泣き、また楽しい時を過ごした。現実には彼の姿はないにもかかわらず、心で彼の言葉を聴き彼の存在を感じたのである。そして彼女は離婚を決意して帰路についた。

　この事態を彼はもちろんわかっている。彼女が自分のファンになったときから、自分の存在を知らせる努力をよりいっそう行った。しかし彼にできることは、歌で自分の思いを伝えることだけであった。歌で支え続けたのである。そして彼女が家を出てからは、歌で、メディアを通して、ホームページ上で、思いを伝える努力をした。そして、それを彼女は理解しようとした。彼女は神さまの助けを受け、自分も努力して、彼と心を通わし、お互いの想いを確かめ合っている。そうする中で、彼女は自分が神さまの声を聞き、神さまの存在を人類に知らせるべき使命を負った人間であること、そのパートナーが彼であることに徐々に気づいていき、そのための努力をし続けるのである。そして半信半疑だったのが、確信へと変わっていくのである。彼女のするべきことが終わるまで、彼は彼女のために歌を作り歌い、待ち続ける。そして彼女の仕事が終わったときに初めて2人は現実に出会い、それから、神さまの願いを叶えるために、一緒になって生きていくのである。これらのことは、彼女の想念において知り得たことであり、事実的根拠はない。不確かで常識では考えられないようなことを、彼女は信じ続けるのである。

　これが現在進行中の21世紀の2人に課されたプロジェクト79なのである。神さまはより早く、より広く神さまの願いを伝える手段として、音楽を選び、ポップス界を作った。日本のみならず、世界のあらゆる作詞家、作曲家の無意識に思いを送り、真理を伝え、神さまの計画を進めている。しかし、これらは無意識的領域（神の世界）で行われていることなので、人々は気づいていない。また音楽のみならず、人間が考え、創造するもの、科学、芸術、文化など全てにおいて、神さまの意図が入っている。人類の歴史は神さまがプロデュースしているのである。

　日本には、埋蔵金が多く眠っているといわれている。金の原子番号は79である。プロジェクト79 by GODが実行される場所は、かつて黄金の国と呼ばれた日本である。神の国としての使命を与えられた日本は金の龍そのものであり、スの神さまは金の龍の背に乗って日本の国に降り立つのである。

プロジェクト79 by GOD Ⅲ

　自己に課された使命に気づいてから10年。48歳になった2人は、この間、自己の魂を磨きお互いの存在を意識し、愛を育みながら過ごしてきた。彼は彼女のために、一心に歌を作り歌い続けた。彼女は次々と出会う神々の真理を解明し続けた。神の経綸、宇宙の真理が徐々に明らかになり、宇宙創造神であるスの神さまに近づくにつれ、2人の心の結び付きは、強く深くなっていった。2人は、人類に与えられた男性性と女性性の統合という課題を達成するために、ツインレイとして神の計画に組み込まれた存在であった。

　まず、物理的に離れているにもかかわらず、想念世界の中で魂は結びつき互いに支え合いながら、ツインソウルとして生きてきた2人は、2017年5月に魂の桃源郷である琵琶湖にて、現実世界で出会うことになる。これは、神の導きによって実現した出会いであり、神の許しが出たことを示している。現実世界で出会えたことで、一点の曇りのない純真なる心で信じ合うことが

できるようになったツインソウルの魂は、一つに統合されツインソウルから
ツインレイとなった。これらはベストなタイミングで用意されている。つま
り2人の運命は神に委ねられているのである。こうして、自分たちの運命が
神の手中にあることを知った上で、日常生活を真摯に生き、魂を磨きその想
いを現実世界に映し出していく。そして神の愛の中で生きている2人の幸福
感は、限りなく大きくなっていくのである。

　地球が新しく生まれ変わるために必要なツインレイの存在は、神さまが用
意したものである。ツインレイは、「愛は地球を救う」ことを体現するため
に、この世に生まれてくる。男性レイは、相手に無償の愛、無条件の愛を与
えることができる魂へと進化する。女性レイは、神とつながり真理を得るこ
とができる魂へと進化する。そしてそれぞれが、個人での課題を達成できる
と、神さまからの合格通知を受け、次のステージに進むことができる。ここ
で初めて、現実世界で一緒になり、2人で創造する愛を体現していく。ツ
インレイが統合することで、愛と真を併せ持つ完全なる愛のエネルギーを作り
出すことができる。体中からあふれ出す愛のエネルギーは、宇宙を満たす想
念波動エネルギーに影響を与えることになる。2人で創造する愛のエネル
ギーは人間の能力を開花させ、想念波動エネルギーを自由に使い、テレパ
シー、インスピレーション、神との交信などが可能となるのである。
「愛は地球を救う」ことを体現するという使命を与えられたツインレイの男
女たちは、愛の伝道師として真理を人類に示していく。そして、人類は神の
愛を本当に理解することができるようになり、地球は神さまがお創りになっ
た本来の姿となり、平和に幸せに暮らすことが可能となるのである。これが
21世紀に生きる人類のために、最後のチャンスとして、神さまが用意した
プロジェクトなのである。

　この神のシナリオによるプロジェクトは、近々起こると考えられる人類の
次元上昇のために用意されている様々な計画の一つである。神さまは今人類

に起きようとしている事実をあらゆる形で伝えている。人類が真理を知り進むべき道を正しく選び、地球全体が幸せになるように導き続けているのである。もしこのことが真実であると確認できるなら、これまで述べてきた直感力、想像力、テレパシーといった人間のもつ潜在能力の存在の信憑性は高くなり、私たちが生きているこの世界は想念波動エネルギーが飛び交う4次元世界、また神さまが存在する世界であることの証明にもなり得るのである。あらゆる可能性を秘めたこのプロジェクトにより、神経綸の成就が果たされることを願う。

最終課題の答え

　人間はそれぞれの使命を持って生まれてくる。魂は輪廻転生し、記憶の上書き保存を行い、進化し続ける。そして地球という目に見える物質世界の中で生きる魂の最終課題が、ツインレイに与えられる課題となる。この課題の答えにたどり着くことができると、統合された魂となり、この自然界を心と体で存分に味わい尽くし、至福の世界の中で命を全うするのである。

　宇宙創造神は、地球を創るとき、あらゆるものを陰陽に分け、分離の世界とした。太陽と月、天と地、火と水、男と女というように、陰陽の法則の下、地球を創った意味は、お互いの力を合わせることで完全なるものを創造するため、お互いを求め必要とする愛を糧に生きるためである。

　ツインレイの男女に与えられた最終課題は、神の愛と無償の愛を知るということである。神の愛を知るためには、神の存在を認知し、宇宙の真理を解明することが必要となる。また、無償の愛を知るためには、自己がもつ愛を広げながら、無限なる神の愛を目指し生きることが必要となる。この課題は一人で達成することはできない。ツインレイ同士が、互いの全てで愛し愛されるという経験をし、それぞれの男性性と女性性の統合が行われたときに、ようやく成し得るのである。

男性性と女性性の統合は愛と真の統合となる。陽である男性に与えられているものは、太陽のように温かく愛する力であり、陰である女性に与えられているものは、神とつながり、宇宙の叡智から真を知る力であるといえる。そして目に見える物質世界を支配する太陽と、目に見えない精神世界を支配する月が、それぞれ男女に働きかけているのである。

　次に男性性と女性性の違いを見ていく。愛する力は男性に本来備わっているものであり、基本的に優しいのは男になる。なぜ神さまは、男に純粋に愛する力を与えているのかというと、女に求愛するためである。自然界を見ても、求愛行動をとるのはオスとほぼ決まっている。メスに気に入られるために、きれいな羽を見せながら踊ったり歌ったりする鳥たち、強く大きく見せるためのパフォーマンスをする動物たちなど、オスはメスを得るために力を誇示し、自身を全力でアピールする。このように子孫を残すために営まれているオスたちの多種多様な本能的行動は、懸命に生きる姿として、美しくもある。

　そして自然界に生きる動物である人間も例外ではない。ここで人間の求愛行動について考えてみる。愛を歌うアーティスト、音の調べに合わせて踊るダンサーなど、自然界に生きる鳥たちの姿と重なる男たちがいて、また、筋トレする男、地位や権力、財力を求める男、おしゃれをする男など、いずれも自身をより強く、賢く、かっこよく見せるための行動となっている。なぜそのような行動を取るのか。その動機を全て愛する女性を手に入れるためと考えるのは極論であるが、本能的行動として捉えると、その根底には、愛する女性を手に入れ自分の遺伝子を残すためという動機があると考えられる。人間の生き方は多様化しており、一括りにできるものではないが、目的を突き詰めて行くとやはりそこにたどり着くのである。

　先に挙げた男性が取る行動を、女性を手に入れるための本能的行動として捉えると、これらは、全て愛する女性を手に入れることで目的は達成される。

実際に愛する女性、手に入れたい女性がいると、男性は一心に女性を愛するようになる。求愛行動をとるよう創られている男には、女性よりも大きな愛の力が、本来備わっているはずである。しかしその愛の力が正しい形で表現されず、間違った方向に向けられると、問題行動として表出することになる。例えば、一人の女性を真摯に愛することができず浮気を繰り返す、報われない深い愛がストーカー行為へと発展する、その有り余る愛を自分の趣味に捧げるなどといった行動となるのである。これらは、全て自分以外のために生きることができない、自己愛に溺れた未熟な魂をもつ男性が取る行動である。男は自分が持つ愛を自分のためにだけではなく、愛する人に捧げなければいけない。そして愛する女性を守るため、愛する家族を守るため……と自分以外のものへ愛を与えることができるよう、自己がもつ愛を広げていくことが求められるのである。

　一方、物事を深く見る力を与えられている女性は、神とつながる巫女的能力も兼ね備えている。そのことを男性は本能的に知っているので、女性の中に神性を見出し、惹かれ畏れるのである。しかし現実には女性を畏れるのではなく、恐れている男性が多い。女性は勘が鋭く、男の行動やその思惑を見抜くことが比較的容易にできるため、女性が上位に立つ関係が往々にして見られる。しかし男の純粋で深い愛に気づき、受け止めることができていないのは、女性なのである。男性が持っている大きな愛を受け入れる器が本来備わっていない女性は、この世で生きる中で愛を育てていかなければならない。だからこそ神さまは、女性に子どもを生み育てる役目を与え、母性愛から愛の器を広げていく仕組みを作っているのである。女性は、男性に備わっている本当の優しさや愛する力を認め、敬い、感謝し受け入れることが必要になる。

　神さまは、人間を創るとき、「何を求めて生きるのが幸せか」についても、男と女で違いを持たせている。男にとっての本当の幸せは、愛する喜びを知

ること、女にとっての本当の幸せは、愛される喜びを知ることとしたのである。そして愛する2人が身も心も一つになることで、愛する喜びと愛される喜びを同時に感じ、男性の深い愛と女性の広い愛が融け合うことで、2人は無償の愛を得ることになる。これが、人間として最後に手に入れる究極の愛になる。ツインレイたちが統合を果たすまでの過程で、男は女から真を学び、女は男から愛を学ぶのである。そして男女の統合により、愛と真に基づく男性性と女性性のバランスが取れた完全な人間になり、最終課題の答えにたどり着くのである。

「男は愛を表現すること、女は真を知ること」

「男は愛を広げること、女は愛を深めること」

「男は愛を与えること、女は愛を受け取ること」

　ツインソウルの段階では、それぞれが自分の人生の主人公となり、与えられた才能を使って、上記の課題に取り組みながら生きていると、運命の相手との魂の距離が徐々に近づいていく。そして、神さまに導かれベストなタイミングで、想念世界で結び付き、さらに現実世界で出会うことになる。そして現実世界で出会い、共に生きることが許されるとツインレイの段階に入る。2人で一つの魂となり、融け合ったツインレイは、共に下記の課題に取り組み、この世に体現していくのである。

「愛と真を知ること」

「愛を広げ深めること」

「愛を与え与えられること」

　これが、神さまが人類に与えた最終課題の答えになる。ツインレイがたどり着く答えは、人生をめいっぱい生き、全身全霊で感じ得る体験を通して、宇宙から受け取ることができる叡智なのである。

第11章　神示と未来

　　　　神々に出会い導かれながら、宇宙の真理を知り、たった一人の
　　　本当の神さまであるスの神さまにつながることができた。そして
　　　真の岩戸開きを行うことで、三千世界の統合が完成し、人類共通
　　　の永劫普遍の真理を知り、世界全体の本当の幸せを手に入れるこ
　　　とが可能であることがわかった。現在起きている地球最後の立て
　　　替え立て直しが失敗すると、人類は間違いなく滅亡する。これは
　　　真実であるが、大多数の人は気づいていない。スの神さまが人類
　　　を救うために用意した神の経綸を成就させるためには、神の意に
　　　乗り、神人共に尽力しなければならない。
　　　　最終章では、神人共にいかに立て替え立て直しを行っていくか
　　　を具体的に見ていく。さらに、宇宙の中で幸せに生きる地球人へ
　　　と進化していくことを見ていく。

1．立て替え立て直しのマニュアル

神さまの実地の始まり

　自分の身に奇跡が起こり始め、神さまの存在を魂で感じていたので、次々
と頭に浮かぶひらめきや考えは独自のものではなく、神さまが伝えていると
思っていた。立て替え立て直しが本格的になってきている今、選ばれた人々
にそれぞれの神さまの立場からあらゆる方法で神の意が伝えられており、神
さまの存在をより確信することができる。『日月神示』『日月地神示』の中で
は"身魂みがき"や"心の洗濯、掃除"をしきりに述べている。これらの神示
は神さまが伝えていること、つまり神さまの視点で述べられたものである。
したがって、神さまではない人間は、完全に理解することはできない。しか
し、人間本来のあるがままの姿で、自然の法則に従って生きる神人になると、
自分の内に神を見出し、神の世界とつながることができる。"身魂みがき"

や"心の洗濯、掃除"を行い、精進、昇華した御霊になると、神さまの言葉を理解できるようになる。その方法論、実践論を第Ⅰ部「内なる神さまとの出会い」で述べてきたが、これは、人間が導き出した、人間の視点で述べたものである。内なる神と人の両者が一つになって初めて、これから起こるであろう地球、世界、人類の立て替え立て直しが可能になるのである。

これから神さまの計画が本格的に行われ始める。洪水、地震、台風、火山の噴火、疫病の流行など、大規模な天災が起きるようになる。そこに神さまの存在を感じ信じて、神さまの願いを素直に聞き入れ、改心する道を選ぶか否かで、人類の未来は変わってくる。「長いものには巻かれよ」「弱肉強食」の道理は通用しなくなり、「正直者が馬鹿を見る」時代は終わる。今、人を泣かせ踏み台にして金や権力を握っている人たちは、足をすくわれるのである。お金では解決できず、本当に救われないことになる。財産や学歴などは関係ない、身一つ、魂のみで勝負することになる。次に身魂磨きができた人間がどのように地球の立て替え立て直しを行っていくのかシミュレーションしてみる。

改心できた人間の割合、その出来具合によって、これから起こるであろう天災や人災といった災害や、疫病、食料難など、人間に降りかかる苦難の程度が決定する。神さまははるか昔より、期限を延ばし猶予を与え、人間が精進昇華を果たし神人となるのを待っている。しかしいつまでたっても、人間に気づきはない。国レベルでの戦争を始め、身近な人間関係の中で起きる殺人やいじめなどの争いごと、金や権力に執着する我欲我執の人間による不祥事など、人間の魂の堕落は目を覆うものばかりである。すでに本格的な実地は始まっている。これらの神示の中で神さまが伝えていることは真実である。これを素直に受け入れ改心できる人、改心する道を選ぶ人たちのみ、この地球に残ることができ、立て替え立て直しを行っていく。これからは、神さまがお創りになった本来あるがままの人間のみがこの地球で自然と共に生きて

いく方向に徐々に移行していく。

地球の掃除

『日月神示』では、一度何もかもなくなって、太古の地球に戻るというような内容のことが告げられている。そのことを想像してみる。

　まず、生きていく上で必要不可欠な「食」を考えてみる。神人となった人間は、神さまを敬い感謝して生きているので、神さまは十分な恩恵を与えてくださる。天候に左右されず、毎年豊作で食べることに困ることはない。つまり食料は必要なものを必要量与えられるので心配はない。しかしそれらを調理する際、包丁、鍋などの調理器具、火や水、そして塩、砂糖などの調味料などを考えると、自分で一から作れるものがほとんどないことに気づく。

　生活するにも、家、着る服、紙、布団……と具体的に考えると、自分の身の回りに当たり前にあるほとんどのものが、他から与えられているものであり、いかに自分が非力であるかということに気づく。そして、今でこそ、人間中心の我欲にまみれた世の中を創り、神を疎かにして自然界のバランスを崩し、取り返しのつかないところまで来てしまっている人類であるが、何千年という歳月の中で作り上げてきた文明の中には、生きる知恵がいっぱい詰まったすばらしいもの、残すべきものが数多くある。残したい、失いたくないと痛烈に思う。

　そのためにも、早急に多くの人々が気づき改心することで、神さまに許していただき、大難を小難にしていただくことで、何もかも失い、太古に戻り一からやり直す立て替え立て直しではないものにしなければならない。欲を出し、あれもこれも残したいと願うことは無理である。本当に必要なもの、神さまが残すことを許してくれるものを選択し、神さまが許さないものは手放す必要がある。選択する際のポイントは「何のために」を考えることである。人間の我欲のため、お金のため、楽をして得するため……といった、神

さまや自然を無視した我よしの心から出ているものは必要ない。誰かのため、自然のため、神さまのため……といった、他への思いやり（愛）の心から出ているもののみ残していくのである。これらのことを地球規模で行い、正しい選択をして、知恵ある人間が作り出したものの大掃除をする必要がある。人間の頭や学で難しく考えるのではなく、改心した御魂で神さまの声を聞き、神さまの意図に身を委ねると正しい方向へ導いてくれる。

　そう考えると、必要ないものは①電気　②化学薬品・化学物質　③お金、になる。今の人類にとってはどれも必要不可欠なものと思われるが、これらがない生活は、何も大昔のことではない。戦後の高度経済成長期以前の時代の日本でさえ、自然と共存しながらの暮らしがたくさん残っていた。農家人口は多く自給自足の生活をして自然と共に生き、親、老人、仏さま、神さまを敬い、質素倹約、他人と和することを知っている、自然と共存するためのすばらしい知恵をもっている日本人であったのは遠い昔のことではない。

　戦争、敗戦後の貧困、高度成長期、経済的に豊かな生活、バブル経済の崩壊といった経験から、本当に大切なもの、必要なものは何かということに、そろそろ気づくことができるのではないだろうか。そのような経験を乗り越えた日本人だからこそ、戦前のような生活、昔の日本人に戻るということは逆戻りではなくて、失敗を成功に変えることができる真の進化となるのである。神さまに選ばれた大和魂をもつ日本人ならできるはずである。

①　現在、この地球上で、電気を使わず生きている人々がいることから、極論ではあるが、人間は電気がなくても生きていける。電力はそもそも人間の労力の代替エネルギーという一面がある。ほうきの代わりの掃除機、手洗い洗濯の代わりの洗濯機、うちわの代わりの扇風機やクーラー……それらがなくても、自分の労力がある。また、電気を使うことによって、人間は自然界から離れていくという一面もある。太陽の光の代わりの電灯、実体験を伴わない視覚と聴覚からの情報のみを受け取るテ

レビ、脳内での疑似体験を楽しむゲーム、保存期間を延ばす冷蔵・冷凍庫、暑さ寒さを緩和する冷暖房……そうした電気製品に囲まれる生活は自然界から人間を遠ざける。文明の発展と共に、人々は自然を感じない不自然な生活をするようになった。人間は本来自然の中で生きてこそ、健全なる肉体と魂をもつことができる生物である。自然から離れれば離れるほど、人間は生命力が衰える。自然と共に生きなければいけない。電気に頼り過ぎることのない生活、自然を感じながら生きることができる生活に戻すのである。そのような価値観に変わると、電気の使用量は自ずと減るであろう。また、昨今各家庭に普及している太陽光発電で家庭の電気をまかなったり、地熱発電、風力発電などのクリーンエネルギーを利用したりすることで、原子力の根絶は可能となる。そうなると、自然破壊を伴うダム建設による水力発電、燃料を燃やすときに排出されるCO_2と温暖化が生じる火力発電などの問題が解決する。自然に優しいものは神さまが喜ぶことである。

② 化学薬品、化学物質は有害物質である。毒となるので、自然界には必要のないものである。薬、化粧品、合成洗剤、農薬、防腐剤・着色料などの添加物……これらは人間の体に直接害になり得るし、自然界も汚染するので無くさなければいけない。東洋医学に基づいた漢方薬、無添加の石けんなど自然に反しないものがある。お金のため、商売のために穀物や野菜を作ったり、加工して食品を作ったりするから農薬や防腐剤などが必要になるのである。

③ 神示で告げられている立て替えの後の「うれしうれしたのしたのしの世」は、お金のいらない世の中だと言われている。現在の経済の仕組みからすると、お金のない生活など考えらない。しかし、これから人知を超えた想像不可能なことが起こり、残るものは身魂を磨き進化した人間のみになる。我欲のない、神さまのため、世のため人のために、喜んで

自分のお役目を果たしながら生きる御魂をもつ人間ばかりになるのである。

　そのような人間は、各人に与えられた仕事（天職）をよく知り、自分だけのためではなく、地球に存在する全ての自然、生き物のために生きることができる。食料、家、衣服、日用品など、生きていくのに必要なものを、各人が自分の仕事として作り出し、それを公平に人に与えられる人間になる。与え与えられる関係を築き、地球全体のために仕事をすることを幸せと感じながら生きることになる。我欲のない人間は、本当に必要なものを必要な数だけ手に入れようとするため、争いは起こらない。神さまをはじめ、あらゆるものに感謝して、与え与えられ感謝感謝で生きることができるようになる。そして、お金が存在しない、不可能と思われるような理想的な世の中となるのである。

立て替え立て直しの進み方

　神さまの実地による苦しみと気づきと、改心したものによる新しい世の中の仕組みづくりとが同時に進んでいく。実地が進むにつれて、改心できない多くの人間は、さらに苦しみが増す。想像を絶する天変地異が起こり、都市は機能せず、今のような便利な生活をすることは不可能になっているかもしれない。近年、観測史上初めてとされるほどの自然災害が増加している。そして地震や台風などの災害に見舞われた被災地の人々が、厳しい生活を強いられている現実がある。そのような状況が地球規模で起こるのである。誰々の土地や財産といった、所有しているものなどはなくなり、お金のための仕事など意味のないものとなり、ただ生命をつなぐために生きているという状況になるかもしれない。したがって、今世の中で成功している人、豊かな暮らしをしている人、自分が手に入れているものが多い人の中で、我欲が強く我よしの心の人は、それらを手放すことが苦しみとなる。所有しているもの

に執着すれば改心はできず、生き残ることが難しくなる。目に見えないものの大切さに気づき、愛（思いやり）のある広い心にならなければ救われないのである。

　それと同時に、気づき改心できた人たち（つまり生かされている人たち）は、神さまの存在を信じ、身魂磨きを行いながら、神さま・自然と共に生きていく方法を、皆で考え、協力し、実行して新しい世界を作っていく。そのような苦しい状況になっても、神さまを信じるものは神さまの愛の中で喜んで生きていく。そういう魂をもった人間に進化しているのである。このように地球規模での立て替え立て直しが無事に行われ地球が進化を遂げると、地球の次元上昇によるエネルギーの変化が、宇宙へ影響を与え、宇宙規模でのさらなる進化へとつながるのである。

2．宇宙の中の地球

宇宙と地球の法則

　想念波動エネルギーで満たされている宇宙は、スの神さまの意により動き、その法則はスの神さまの意が全てとなる。一方、物質世界でもある地球上は、原因結果、循環、陰陽の法則で動いている。物質世界と想念世界が重なり合う地球では、想念が因となり行動を生み、結果として表れる。そして肉体的、想念的に互いが交わり、新たな事象を作り続ける。また、肉体を持つがゆえに物理的・空間的に制約され、想念と肉体の間に隔たりが生じるため、結果は神も予想できない。神の意に反することも含め、あらゆる事象が地球上の法則に則った形で起きている。

　これまで、スの神さまの意図が日本国土に表された神々の世界を見てきた。スの神さまは、人類が地球を平和に治めることができるようにと願い、必要

な神々を各地に配置している。そしてこれから地球上の法則の下、点在する神々が全てつながり一つとなり循環し始める。

　今一度、想念を中心に洗い直し、宇宙の一部である地球も、シンプルに生きること、スの神さまの意に乗り生きること、宇宙の法則に則ることが求められる。そうすることで神の歓喜を頂きながら、喜びと愛の中で生きることができるのである。

宇宙人の存在

　宇宙には多くの星があり、その星に住む宇宙人がいる。もちろん私たちも地球という星に住む宇宙人になる。想念波動エネルギーからなる宇宙空間において、目に見える肉体を持たない、光として現れる想念のみの宇宙人も存在している。彼らは異次元に存在しており、3次元より高次元にいるが、高次元であるからといって、技術が進んでいるからといって、幸せかどうかは別問題である。それぞれの宇宙人には、それぞれの星に住むゆえの喜びや楽しみがある。私は地球に生まれ地球人として生きているので、違う星に住む宇宙人たちが、何を目的とし何を得るために生きているのか、また彼らの幸せは何であるのかはわからない。同様、彼らも地球人の真の喜びを知ることはできない。それらの間に優劣はなく、違いがあるのみである。

　次に、多数存在する宇宙人の中でも、次元上昇を目前にしている地球に対して、大きな影響を与えている宇宙人について触れておく。

〈アルクトゥルス人〉

　銀河系の王である太陽神の天照大御神の存在を知ることができ、地球外の宇宙へと意識が広がった後、知り得ることとなったアルクトゥルス人について述べる。『アルクトゥルス人より地球人へ』（トム・ケニオン、ジュディ・シオン著、紫上はとる訳／ナチュラルスピリット）という本を手にすることにより、さらに考えが進化することとなった。

　5次元世界に住むアルクトゥルス人は、使命を最優先に生きる宇宙人である。イエスやマグダラのマリアもアルクトゥルス人だったと書かれてある。使命に生きるアルクトゥルス人にとって、使命の遂行と心の希求のバランスをとることが課題となっていると書かれてあった。地球人より高次元の世界に生きる宇宙人も、地球人同様、ジレンマを抱え生きていることがわかり、気づいたことがある。それは、あらゆる宇宙人も、未だ宇宙創造神であるスの神さまの存在を明らかにすることができていないということであった。

　彼らの使命はスの神さまから与えられたものであり、その目的は全宇宙の幸せのためである。地球人と同様、アルクトゥルス人も個人の心を広げ神の心に近づくことができれば、神が望むものと同じものを望むようになる。使命のために生きる＝神のために生きる＝神の願いを叶えるために生きることになるのである。心にある小我を大我へと昇華させることができると、使命に生きる喜びを全霊で感じることができるようになり、個の喜びは神の喜びに融け合い、完全なる幸せを得ることになる。それは想念と肉体、頭と心、感情と理性、それらがつながる幸せを手に入れることになる。このように想念を磨くことは、全宇宙人に与えられた共通の目的となっているのである。

　良い宇宙人も悪い宇宙人も存在しているようだが、「悪をも抱き参らせよ」という神さまの意を汲み、悪い宇宙人も改心することが求められている。スの神さまはどの宇宙人も同じように愛し見守っている。全宇宙に共通の課題は、全知全能の宇宙創造神の存在を信じ、神と共に生きることなのである。

〈ハトホル人〉

　アルクトゥルス人からのつながりで、宇宙人ハトホルの存在を知った。『新・ハトホルの書〜アセンションした文明からのメッセージ〜』（トム・ケニオン著、紫上はとる訳／ナチュラルスピリット）の書には、トム・ケニオン氏と宇宙人ハトホルとの交信において、人類にもたらされた宇宙的叡智が記されている。現在の地球上の科学を超えた宇宙科学であることから、非科

学的と捉えられるかもしれないが、実際に奇跡を体験し、身をもって会得した考えをもつに至った私にとっては、このハトホルの教えは正しいものであり、宇宙レベルで現在起きている事態を知らせてくれる極めて重要な内容であると考えられるのである。

　私は、自己内を探求することで出会う内なる神さまの存在と、日本神道の考えに基づいた神さま論を本書の中で論じてきた。神さまの導きと思われる不思議な縁とひらめきと気づきにより自己内から見出した答えによって構築された論文となっているが、愛と受容を唱える宇宙人ハトホルの教えとリンクしていることがわかった。自分の肉体と魂と脳が知り得た感覚や知識を、より科学的に深く捉え直すことができたことは、この上ない幸せである。そしてハトホル人が提供する宇宙科学は、今後さらに進む地球人の意識変化において、大きな導きとなることがわかる。ハトホル人は、物質世界と想念世界の二重世界を、より高次の魂となり生きていく心構えとスキルを、広い愛をもって我々地球人に伝えているのである。

宇宙のパイオニア

　無限に広がる宇宙の片隅の小さな惑星の一つである地球について考えてみる。青い空と海で覆われた美しい地球は、3次元世界であり物質世界である。水、空気、風、雨、雲、海、川、岩石、山、島、植物、動物、人といったあらゆる自然、さらには目に見えない妖精、霊、八百万の神々など、それぞれの想念が現れたものが共存できる星である。つまり想念を肉体で覆うことによって初めて、あらゆる次元の想念が共存可能となる。肉体という物質で覆われているからこそ、本来なら相容れない想念同士が同じ場に共存することができる。あらゆる想念が渦巻く雑多な地球において、皆が想いを一つにして同じ想いで生きること、つまり神の想いへ収斂すること、これらを達成させるという使命を与えられている星が地球なのである。とても高いハード

ルであるが、それを乗り越えることができると、宇宙の真理を体現する星、全知全能の神の意が表れる星となり、全宇宙の中での先駆者、パイオニアとなることができる。そして無限に広がる宇宙に存在している良い宇宙人も悪い宇宙人も、スの神に抱き守られる道を選ぶようになり、全宇宙レベルで絶対真理に到達することになる。美しく愛しい唯一無二の地球に住む、地球人らしい進化を遂げたいと思う。

　地球上において、この世に生きる想念は肉体をまとっているがために、時空や重力といった制約を受け、窮屈な思いをしているように感じるが、肉体を持つがゆえに、快を感じる喜びという特権を与えられることになる。幸せな経験をするとき、肉体は快を感じ、魂は喜びを食べると述べてきた。つまり、地球人は二重の喜びを味わうことができるのである。想念だけの宇宙人はそれができない。宇宙時間からすると人の一生などほんの一瞬であるが、その間に与えられる経験はすばらしいものとなる。肉体の中の想念は、肉体を持つがゆえに、次元の違う想念をもつ他と自由に関わることができ、また個の努力や生き方次第で、魂を昇華させることが可能となる。想念が肉体を自由に操作することができるようになると、肉体の中の魂は、限りなく次元上昇できるのである。物質世界と想念世界の二重世界に生きることができるようになる。そして現実世界で、肉体がもつ五感を通して地球の自然を存分に味わい、快を感じ喜びを感じながら生きることができるのである。今の時代、アセンションによって磨かれた魂のみが救われるといった内容のことがいろいろな場面で言われているが、肉体をもつ3次元世界で幸せに生きる地球人であり続けたいと思う。想念のみの宇宙人では味わえない幸せを感じながら、この美しき地球と共に、神と共に生きたいのである。かけがえのない地球を愛したいと切に思う。

3. 地球の次元上昇

宇宙の全体図

　想念波動エネルギーの塊である魂は、その姿は光であり、想念は愛（喜び）である。これが真の姿である。地球に生まれると決めた魂は、3次元の物質世界仕様の肉体を装備し、記憶はリセットされ、宇宙の真理がわからない状態で、それぞれの役目をもって地上に降り立つ。今地球上で生きている全人類は、地球史上初の地球の次元上昇を成功させるために、この世に生まれてきている。

　地球の次元上昇は、宇宙の大元であるスの神さまの想念（愛）に還るという流れに沿うものであり、3次元世界に生きる地球人から5次元世界に生きる地球人へと進化するという、かつてないそれはそれは歓喜に満ちたビックイベントとなる。そしてその時はすぐそこまできているのである。

　本書で私の人生と共に時間軸に沿って伝えてきたことの骨子を、一つの平面に簡単な図として表した。（第19図）これを宇宙の一瞬と考えることができる。つまり、これら全てはこの瞬間に存在しているのである。過去、未来、神々、真理、自然、名高い偉人、芸術、科学、宗教といった人類の叡智、愛や恐れなど全てが一つであり、この瞬間に存在している。想念波動エネルギーで満たされた宇宙、時空を越えた宇宙には、全てが今ここに在るのである。この宇宙の全体図を見ながら、すでに起こり始めている地球の次元上昇を見ていく。

魂の浄化と使命に生きる

　宇宙スケールで起きるイベントであるので、途方もないように思われるが、私たち一人一人ができることは自分に与えられた役目をコツコツとやり続け

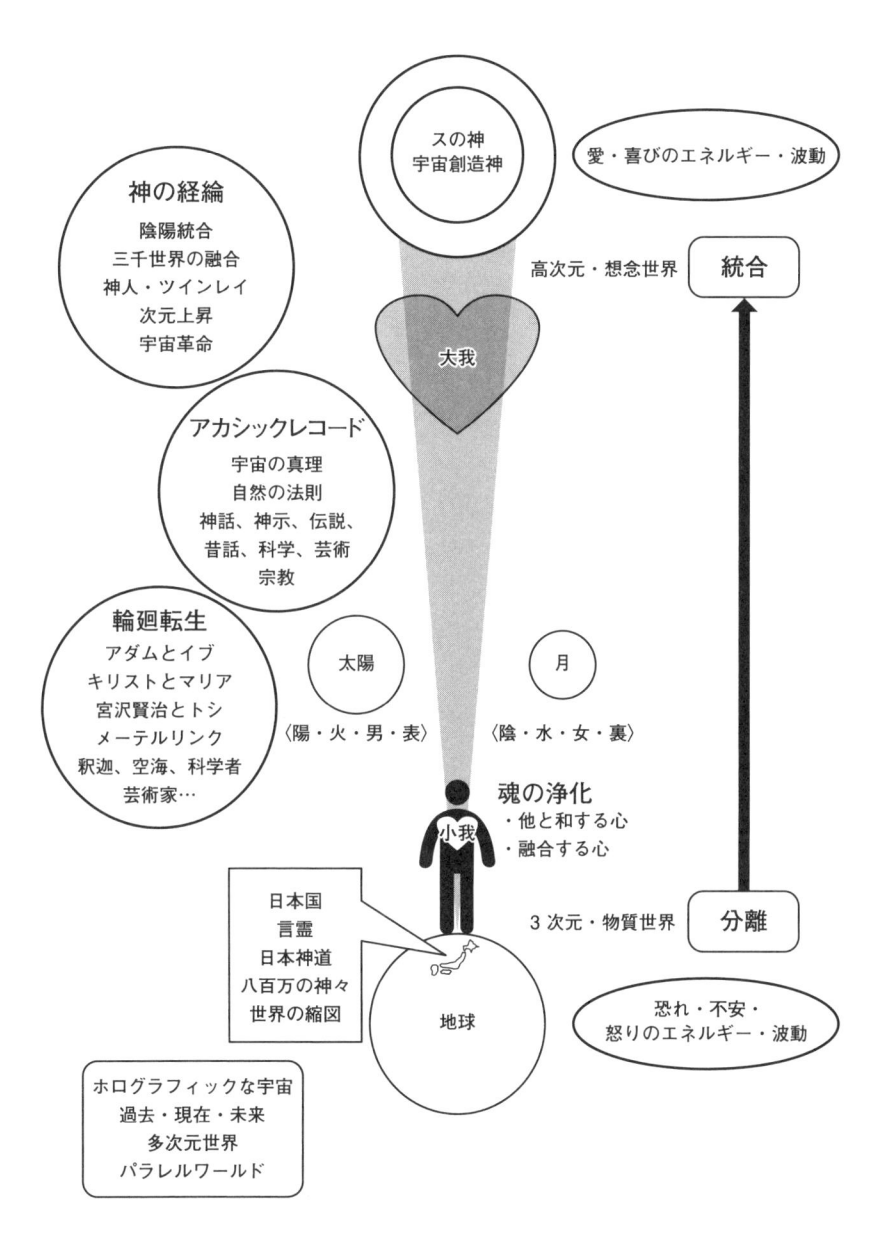

第19図　本当の幸せと神さま（全体図）

るのみである。与えられた役目には、人類共通のものと各個人に与えられた
ものの2つがある。

　1つ目の人類共通のものが、「魂の浄化」である。浄化とは、人生を通し
て、自我から無我へ、小我から大我へと魂を磨き進化させていくことである。
魂の浄化が行われると、魂は本来の美しい光を放つようになり、自分の体を
通して宇宙へと続く光の柱を立てることができる。この光の柱こそ高次元の
存在とつながるパイプとなるのである。浄化の過程では、自分の弱さと向き
合うことになるので、「苦」となる。そして2つ目の役目が、「使命に生きる
こと」である。神さまは、人だけでなく地球に存在する全てのものに、役目
と能力を与えている。そこに全体の中の一部分としてこの世で生きる意味が
ある。与えられた才能を使って世のため人のために生きることが各個人に与
えられた使命となる。各自に与えられた使命の違いによって、十人十色の個
性が見られる。この役目を行っているときは、心がワクワクして喜んでいる
ことを実感することができる。これらのことから、神さまから与えられる役
目にも、「苦」と「楽」があることがわかる。魂が正しい道を進むためには、
苦しみと楽しみの両方が同じだけ必要なのである。ワクワクに生きる選択の
み、あるいは苦労することを選択するのみでは、不十分と言える。

3次元世界における融合

　ここで次元上昇に最も必要な魂の浄化の仕組みを詳しく見ていく。魂の浄
化とは、他と和する心、融合する心を育てることである。和するとは自分と
異質のものを自己内に取り入れ融合することである。

　まず3次元世界で他と和することを見ていく。他とは、食べ物、知識、人
間などである。食べ物と和することで肉体を作り、知識と和することで脳の
情報量を増やし、人と和することで心を育てることになる。こうして分離世
界の中で、他と分離することから生まれる怒り、不安、恐れといった負の想

念を昇華させていくことで魂の浄化を行っていく。自分と異質のものと和すること、自分の中に取り入れ統合することで、浄化が可能となる。

　私たちが抱える悩みの中で大きなウエイトを占めているのが人間関係といえる。両親や家族、先生や友だちなど、自分以外の他人と和することで心が作られていく。他人と和するとは、他人の想念（思考、生き方など）を自己内に取り入れ融合させることである。自分と合う人合わない人が必ず存在し好きな人と嫌いな人が出てくる。しかし嫌いな人は自分を成長させる人でもある。嫌いな人を許し受け入れることは、自分と異質の想念（その人の良さや役目）を受け入れ自分の想念と融合させることになる。これができると、自分の心をより豊かに広げることになる。

　怒り、不安、恐れといった負の想念は3次元にのみ存在するものである。気分が沈む、暗く落ち込むと表現されるように、これらの想念に捉われた魂は重く、3次元世界に留まることになる。自己内に取り入れ和することができると、気分が明るく心が軽くなると表現されるように、浄化された魂は軽くなり次元上昇することが可能となる。他と和するとは、他を認める、愛する、他に感謝することである。

　多くの人がこの3次元世界の人間関係の中で四苦八苦している。この段階を抜け出すことが一番大変である。しかし、この段階の魂の浄化を省いて、4次元や5次元へとアセンションすることは難しいといえる。3次元世界という分離の世界において、他と和すること他を愛することができるようになると、自ずと高次元への上昇が可能となる。

4次元世界における融合

　4次元世界は自然神と和する世界となる。3次元の目に見える世界にて他と和する心になると、さらに異質なもの、動物、虫、木々、岩、山、空、土といった自然物と和することになる。つまりアニミズムの精神である日本神

道の世界に入るのである。自然の中に見られる八百万の神々と出会い真理を知っていく。神と和するとは神の想念と自己の想念を融合させることである。神と和する力を生まれ持つのが日本人である。大いなる和＝大和である日本国に生きる日本人なのである。神とつながり知り得ることができる真理は、全てアカシックレコードとして存在している。この高次の情報にアクセスするためには、自己の魂を磨くことが必須となる。魂の進化に沿ってアカシックレコードから得る情報量は増え、自己の世界は広がっていくのである。

　4次元の自然の神々と和する心は、地に足をつけた日常生活の中で、自分を取り巻く人間関係の中で真摯に生きることで培われるものである。個の愛は広がり深まり、神の愛へ徐々に近づくのである。

　4次元は目に見えるもの（物質）と目に見えないもの（想念）が共存する世界である。この世界の真理を知り得ることができ、肉体と魂のバランスを取りながら生きることができるようになると、5次元世界への次元上昇の道が開かれる。

5次元世界における融合

　5次元世界は宇宙の神々や宇宙人と和する世界となる。地球人は、肉体を持ちながら、想念波動エネルギーの塊である魂となり、宇宙空間で自由に活動を始めることが可能となるのである。

　これが人類が未だ成し得ていない、人類に与えられている課題となる。これを実現するために、地球人の魂は輪廻転生を繰り返し、進化し続けてきた。そしてとうとう達成するときが来たのである。なぜそういえるのか？　それは5次元と和する人類に到達できた人たちがいるからである。ここで100匹目のサル現象が起き、地球全体のアセンションが可能となる。地球人は宇宙デビューを果たすのである。

　分離の世界である3次元に生きる地球人が統合の世界である5次元で生き

るためには、陰と陽である男女が一つとなり、共に生きることが必要となる。この人類の先駆者として存在しているのがツインレイなのである。2千年前に生きたイエスキリストとマグダラのマリアもツインレイであったといえる。そして彼らの想念は今尚存在し続けている。男女揃って発揮される強力な創造エネルギーを使って、新しい地球を創り、それから、地球人は本来の人間の在り方で生きるようになる。この5次元に生きる人類がスの神さまがお創りになった本来の姿なのである。つまり、生粋の地球人であるアダムとイヴの魂の進化形であり完成形となる。こうした人類に導くことが、スの神さまが人類のために計画し実行してきた神経綸の目的なのである。しかし、これは無限に存在するパラレルワールドのうちの一つであることを伝えておく。

4．人類へのメッセージ

スの神さまからの警告

　このようなことを考える非現実的な時間を生きている私と、ごく普通の現実的な時間を生きている私が存在している。そんな自分を特別だとは思わない。人は誰もが、意識と無意識、肉体と精神、現実と妄想といった、目に見えるものと目に見えないもの、いわゆる表裏関係にある両方を持ち合わせて生きている。目に見えないものは存在しないと考え、軽視するような人間では、これからの時代を生き残ることはできない。

　近いうちに大地震が起こると思っている日本人の数は9割にのぼるとされている。無意識では気づいているのである。そう思わざるを得ないほど、異常気象、天災、人災が頻繁に起こり続けている。これは人間を愛している、救いたいと思っているスの神さまからの警告である。この緊急事態に気づかなければ人類は救われない。無意識で感じている危機感、本能的に捉えてい

る感覚を疎かにせず、何をするべきかよく考え行動に移すことが求められている。

　次のような人は、一刻も早く気づく必要がある。お金や物、地位や名誉を手に入れることが幸せだと思っている人。目に見えない人の心に思いをはせることができない人。自分や自分の家族さえ良ければいいと思っている自己中心的な考えの人。自分の非を認めず周りの人や環境のせいにして自分が変わろうとしない人。他人のために動くことができない人。努力することを嫌う怠慢な人。目に見えない心の部分を意識しないために、自分の心を育てることをしない人。人との心の触れ合いを大切にしない人。このような我欲我執の垢で汚れた魂をもつ人たちは、自分自身を省みることをしないために、自分の間違いになかなか気づかない。他を蔑み下に見て、自分は正しい偉いと思い込むことで自分を守っている人たちにとって、自分の非を認めることは勇気がいることである。しかし神さまの存在を素直に信じ、神さまに謝り、思いと言葉と行動を変えていくことで、神さまは許し守ってくださり、正しい道、進むべき道を光と共に示してくださる。信じるものは救われるのである。そして一人一人の変化が大きな変化となり、地球を救う力となる。

才能と魂レベル

　芸能界は人間界と神界の間にある世界であり、神さまの意に乗った芸能人（各界の有名人）が活動している世界と言える。神さまは、選ばれた人間に必要と思われる才能を与え、その人間を通して、神さまの意を伝えている。ここで才能について、宮沢賢治の心象スケッチ「告別」（『宮沢賢治詩集』天沢退二郎編／新潮文庫）をもとに考えてみる。

　おまへのバスの三連音が
　どんなぐあひに鳴ってゐたかを

おそらくおまへはわかってゐまい

その純朴さ希みに充ちたたのしさは

ほとんどおれを草葉のやうに顫はせた

もしもおまへがそれらの音の特性や

立派な無数の順列を

はっきり知って自由にいつでも使へるならば

おまへは辛くてそしてかゞやく天の仕事もするだらう

　　（中略）

それらのひとのどの人もまたどのひとも

五年のあひだにそれを大抵無くすのだ

生活のためにけづられたり

自分でそれをなくすのだ

すべての才や力や材といふものは

ひとにとゞまるものでない

ひとさへひとにとゞまらぬ

　　（中略）

そのあとでおまへのいまのちからがにぶり

きれいな音の正しい調子とその明るさを失って

ふたたび回復できないならば

おれはおまへをもう見ない

なぜならおれは

すこしぐらゐの仕事ができて

そいつに腰をかけてるやうな

そんな多数をいちばんいやにおもふのだ

　　（略）

これは賢治に聞こえた神さまの声だと思う。この詩は、神さまが人間に与える才能について述べられている。「純朴さ希みに充ちたたのしさ」これは心の持ちよう、人間性を表している。純粋に、好きなことに夢中になっている姿といえる。「もしもおまへが……はっきり知って自由にいつでも使へるならば」のところは、好きこそものの上手なれと言われる通り、好きなことに対してあくなき挑戦を繰り返し、人の何倍も努力し、邁進する姿といえる。

　このような人間を神さまは喜び、応援し、「おまへは辛くてそしてかゞやく天の仕事もするだらう」のように、神さまの願う天の仕事を任せるために、才能、チャンスを与えるのである。こうして選ばれた人が天才と呼ばれる人たちになる。

　「それらのひとのどの人もまたどのひとも　五年のあひだにそれを大抵無くすのだ……全ての才や力や材といふものは　ひとにとゞまるものでない……」世に出ている天才と言われる人、有名人、第一線で活躍している人たちが存在する。彼らに与えられている才能とチャンスは、神さまから頂いているものである。しかし、神さまの応援を受けるための条件を継続しなければ、無くなってしまうものでもある。お笑い、歌手、俳優といった芸能人を見ると、よくわかる。一発屋と呼ばれる人、ヒット曲を出すも続かないアーティスト、いつのまにか芸能界から消えていく人たちなど。

　人間の創作活動には、神さまのバックアップが必ずある。神懸かっている作品はヒットする。それらは、純粋に誰かのために作ったもの、自分の気持ちを素直に表したもの、ひらめきに従って作ったものなど、いずれも神さまの意に乗ったものになる。神懸かった作品が生まれるとき、その媒体となる人間は、無我無欲といった純粋な心になっているときではないだろうか。そこに計算や、私利私欲といった心があると、神懸かった作品は作れないのである。神さまは、「すこしぐらゐの仕事ができて　そいつに腰をかけてるやうな　そんな多数をいちばんいやにおもふのだ」なのである。

　初め純粋な心で、謙虚に真摯に取り組んだ創作も、一旦、売れたことで名声、財産を手に入れると、自分は偉い人間であると錯覚する。ここで我欲我執の垢が付き始め、謙虚さや感謝の気持ちを忘れてしまうと、神さまの意に乗ることができなくなる。

　ヒットする音楽、映画、ドラマなど、神さまが導く、神の思いが込められているものは必ず、人々がもつ内在している神の心に共鳴するので、心に響くのである。人類の長い歴史の中で受け継がれ残っているもの、普遍性のあるもの、思想、文学作品、芸術作品、人物、事件など、歴史を振り返り、古典的なものに触れることは、神の意に触れることになるのである。

　科学技術は進歩し、あらゆる分野において急速な発展が見られる。ロボットの導入、進化した通信機器、移動手段の高速化など、かつて描かれた近未来的な世界が現実味をおびてきている。それらの進化は、地球に存在する全ての自然にとって真に幸せな進化とならなればいけない。正しい進化かどうかは神さまの意に乗っているかどうかである。自然と離れていく進化は誤りである。人間が生み出すもの、作り上げるものは全て、その人間の心というフィルターを通して考え出される。したがって、神さまから与えられる才能も技術も、それを使う人間の心次第で良くも悪くもなるのである。

　先に2016年、神界、自然界、人間界において、完全なる統合が果たされたことにより、神々しい光が放たれ、悪事が一掃されること、全てが明るみに照らし出されることを伝えた。連日、テレビやインターネットなどで知ることのできる有名人たちのニュースや事件をみると、そのことが明らかではないだろうか。芸能界とは、神さまの意図がわかりやすく表現される世界である。メディアを通して、神さまは人間たちに正義、倫理、人としての生き方を示している。「人のふり見て我がふり直せ」なのである。

　名誉、地位、財を手に入れた各界で有名な人物だからといって、決して立派な人間とは限らない。魂レベルの低い、私利私欲にまみれた汚い心の人物

は、その正体が明るみに出る時期に入っている。真の成功者は、自分の魂を磨き上げ、神さまに限りなく近づき、汚れのない美しい心で、自分に与えられた才能をフルに活用し、世のため人のために生きる人間になれたものである。その結果として、地位、名誉、財を与えられるのであって、それらを手に入れるために生きているのではない。

　神さまと共に生きる人間は、神さまの愛の中で生きることができる。私たち人間は、あやつり人形に似ている。操るのはもちろん神さまであるが、神さまは、人間のあるべき姿になるように操っている。神さまの望むような生き方をしているものは、神さまの意図する動きと合うので、自然に、スムーズに、楽に動けて、上手に演じることができ、神さまと共に人生を生きることができるのである。しかし、人間のあるべき姿から離れれば離れるほど、神さまの意図する動きと合わなくなるので、操られる糸に引っ張られたり、糸が絡まったり切れたりして上手に演じることができず、苦しい生きざまになる。神さまの存在を信じる素直な心を持ち、神人共に生きる幸せな人生にしていかなければならない。

　最後に、自己流であるが神さまの祀り方を紹介する。参考にしていただきたい。

〈付録〉神さまの祀り方

　神の経綸を知ることが私の役目の一つだったと思う。私の氏神さまは天山神社の祭神である天櫛真知命である。この神さまが私の守護神となり、真理を知ることができるよう導いてくださっている。

　神さまを信じ、神さまに感謝し、神さまと共に生きていると実感するために、日々行っている神さまの祀り方、祈り方を伝える。

【朝】水と共に祈る

・朝起きると、水を一杯汲み、「ありがとうございます」と水に声をかけてから、水をいただく。水＝瀬織津姫さまなので、神さまを体内に入れ、清めてもらう気持ちで行う。

・自己流で作った神棚の前で、祝詞を唱える。

　※自然神を神さまとして祀っていて、水（瀬織津姫さま）と石ころ（私にとって意味のある石ころで、磐長姫さま）と松ぼっくり（木花咲耶姫さま）を飾っているところを神棚にしている。愛媛に住んでいる私にとっては、大切な女神さまたちとなる。

　※神棚が家の東側にあるので、朝日に向かって日の神さまを想いながら唱えることになる。

　　① 三種祓（さんしゅのはらひ）

　　② 身禊祓（みそぎはらひ）

　　③ ひふみ祝詞

　　④ いろは祝詞

　　⑤ 大きく深呼吸（丹田を意識しながら腹式呼吸）を3回する。息を吐くとき「す〜」と声を出し、スの神さまを想いながら行う。

　　⑥「惟神霊幸倍ませ（かんながらたまちはえませ）」を3回唱える。

　　⑦ 想念の神さまである大物主命さまを想いながら「幸魂奇魂守り給え幸はえ給え（さきみたまくしみたままもりたまさきはえたま）」を3回唱える。

　　⑧「天照大御神」を11回唱える。

　　⑨ 神歌「とうとうたらりたらりら　たらりあがりららりどう　ちりやたらりたらりら　たらりあがりららりどう」を3回唱える。

【夜】火と共に感謝する

・夜寝る前に、部屋の明かりを消してろうそくに火を灯し、その日一日を振

り返り、至らなかった点を反省し、火の神により罪穢れを祓っていただき、そしてその日一日幸せに過ごせたことへの感謝の想いを伝える。

「天櫛真知命さま、大山祇神さま、磐長姫さま、木花咲耶姫さま、愛比売命さま、瀬織津姫さま、饒速日命さま、天照大御神さま、月読命さま、須佐之男命さま、国常立神さま、豊雲野神さま、火之迦具土神さま、宗像三女神さま、言葉の神さま、心の神さま、スの神さま、ありがとうございました」

と感謝の気持ちを込めて唱える。氏神さまは人それぞれで、各自に関わりの深い神さまになる。

これらは、自分が経験して得たことなので、自己流の祀り方である。人それぞれの方法があると思うので、参考にしていただきたい。しかし、ここで最も大切なことは、祈りを届ける人の心である。努力し精進昇華した穢れのない美しい心を神さまに捧げることが、何よりの祈りとなるのである。

おわりに

　自然は、目に見える物質という性質と、目に見えない想念という性質の両方を持ち合わせている。自然やその摂理を研究するのに、目に見えるものばかり追い続けるのでは不十分であり、真理を知ることにはならない。宇宙、星、海、山、岩、草木、動物……全て自然は、想念をもち魂が宿っている神なのである。したがって、科学者が目に見える自然の摂理を探求し続けているときに、神を感じたり、神と出会ったりする。例えば宇宙飛行士が宇宙に行ったとき、神と出会い、人生観が大きく変わるという話を聞く。人間は、人類誕生以来、自然科学＝神科学を研究し続けているといえる。

　世界には様々な宗教がある。キリスト、ブッダ、アラーなどの違う神さまを、自分たちの本当の神さまだと信じるために争いが起きている。自然＝神さまとすれば、宇宙、太陽、月、地球など、人類共通の神さまとなる。宇宙を信じて祀り崇め、畏敬の念をもち日々感謝して自然を大切にして思いやり（愛）をもち自然と共存することは、世界中の人々が一つになり、神さまと共に平和に生きることになるのである。

　精神的に進化を続ける人類は、「目に見えないものが存在している」ということが真理であり、それが常識となる時代に突入しようとしている。地球規模での環境破壊や人間の精神的荒廃が進み、このままでは人類存続が危ぶまれている今、この常識の大転換が必要で、これが成功するかしないかで今後人類が生き残れるか否かが決定されるのである。一人でも多くの人間がそのことに気づき、進化した地球に残るために、神さまはあらゆるメッセージを伝え続けている。

　そのメッセージを理解するためには愛でいっぱいの広い心をもたなければいけない。進化した魂でなければ、神さまの想念とリンクすることは難しい

のである。愛、思いやりでいっぱいの心を手に入れることができたら、神さまと共に生きていることを理解できるようになる。そしてそのような人間が増えることで、プラスの想念波動エネルギーが放出されるようになり、そのプラスのエネルギーが地球を救うことになるのである。

　神さまから愛でられる人になるためにどうすればいいか？　神人とはどういう心の人か？　といった疑問に対する答えや、神人になるための実践論を説いてきた。また、神さまは本当にいるという事実を証明するために、日本神話や古代日本神道を捉え直すことで見えてきた神さま論を述べてきた。今後も、自分の身に起こる出来事、神さまとのつながりから、知り得たことを人類に知らせ、神さまの存在を心から信じ、神人となるために生きる人間が一人でも増えるよう、微力ながらも貢献していきたい。

　壮大なるスケールで行われている神さまの計画を知り、宇宙の真理を理解し、この上ない幸せを手に入れることができたのは、スの神さまを初めとする八百万の神々さま、守護神さまたち、今まで出会った全ての人々、本、ブログなどが、多くの気づきや導きを与えてくれたおかげである。本当に感謝の気持ちでいっぱいである。そしてツインレイとして、同じ使命を負い、同じ人生を歩み、いつもそばにいて支え続けてくれた彼に心から感謝している。

2019年　3月

日高 小百合

参考文献一覧

〈1〉池見酉次郎著　『セルフ・コントロールの医学』（1978年7月）日本放送出版協会

〈2〉マイケル・R.リーボウィッツ 著,鎮目恭夫 訳『ケミストリー オブ ラブ』（1983年12月）産業図書

〈3〉岡本天明 書、中矢伸一 校訂『日月神示 上巻・下巻』（2011年4月）ヒカルランド

　　※「日月神示（ひつきしんじ、ひつくしんじ）は、神典研究家で画家でもあった岡本天明に「国常立尊」（別名、国之常立神）と呼ばれている高級神霊による神示を自動書記によって記述したとされる文書である」（ウィキペディア『日月神示』引用）

〈4〉神人著『日月地神示』（2007年7月）個人出版

　　※「2006年6月6日、『あ』の巻から始まった神示は、2007年6月14日、『よ』の巻まで出され、（中略）『よ』の巻の一説にございますが、「書と致すように」との御言葉に従い、早急に2007年7月7日に、冊子として制作致し、御縁頂きました方々にお渡して参りました」（「本書 はじめに」から引用）

〈5〉武田美雪『論考　月と真名井と白銅鏡—月読命と愛比売命を結ぶもの—』（2013年3月）伊豫市の歴史文化第67号掲載

〈6〉ウィキペディア『卑弥呼』～人物比定～参考

〈7〉日下部正盛『論究　谷上山と宝珠寺の話（上)』（2003年8月）伊豫市の歴史文化第49号掲載

〈8〉ウィキペディア『四国八十八箇所』～概要～

〈9〉ブログ『瀬織津比売命と祓戸の大神四神』参考

〈10〉ウィキペディア『宗像三女神』参考

〈11〉ウィキペディア『鶴姫（大三島)』～鶴姫の生涯「鶴姫伝説」～参考

著者プロフィール

日高　小百合（ひだか　さゆり）

1969年、愛媛県に生まれる。
1992年、愛媛大学教育学部小学校教員養成課程を卒業。
幼稚園教諭として8年間勤務。
現在、児童養護施設にて保育士として勤務。

本当の幸せと神さま

2019年5月15日　初版第1刷発行

著　者　日高　小百合
発行者　瓜谷　綱延
発行所　株式会社文芸社
　　　　〒160-0022　東京都新宿区新宿1−10−1
　　　　　　　　　電話　03-5369-3060　（代表）
　　　　　　　　　　　　03-5369-2299　（販売）

印刷所　株式会社フクイン